歴史文化ライブラリー

189

日本禅宗の伝説と歴史

中尾良信

吉川弘文館

目次

中国禅宗の流れ――プロローグ

1 中国禅宗の流れ

中国禅宗と日本禅宗

釈迦牟尼仏《しやかむにぶつ》にはじまる仏教は、日本への伝来という意味では、すべて中国仏教に変換されてもたらされたといえる。禅宗《ぜんしゆう》も例外ではないし、むしろもっとも中国的に変換された仏教といっても過言ではない。中国仏教が日本へ伝えられる場合、日本が漢字文化をそのまま受け入れていることもあって、変換の度合いという点からいえば、インドから中国への場合よりは、緩やかというか、少ないとみることも可能ではあるが、それでも、幾分かの日本化がなされることは当然である。本書は、とりわけ中国的な性格が強いとされる禅宗もまた、それなりに日本化されたという点を考えることが主旨であり、そのことを、非常に興味深い伝説の展開と、実際の禅宗伝来の歴史を重ね合わせて検討することによって、日本的な禅宗の性格の一端を浮き彫りにしてみたい。いわば「日本禅宗」について考えるわけであるが、やはりそれは中国の禅宗を受容することにほかならないし、中国禅宗の流れに対する理解がなければ、日本禅宗の独自性を理解することも困難になる。ただし本書では、あくまで日本仏教史のなかでの禅宗の位置づけを試みることが目的であり、紙数の上でも、中国禅宗の詳細を述べるゆとりがない。そこで、ごく大雑把な中国禅宗の歴史を、本書で述べる内容の前提となる形でまとめてみたい。

達磨と初期の禅宗

『洛陽伽藍記《らくようがらんき》』に、波斯国《はし》（ペルシャ）から来た百五十歳の達磨《だるま》（達摩）が、洛陽の永寧寺《えいねいじ》の美しさに感嘆し、連日「南無《なむ》」と唱えて立ちつくしていたとあるのが、達磨について比較的信頼できる記録である。禅宗では伝統的に、五二七年に南海から広州《こうしゅう》（広東省《カントン》）に上陸し、梁《りょう》の都建康《けんこう》（南京《ナンキン》）で武帝《ぶてい》に出会って問答したと伝えられている。武帝との問答がかみ合わなかったので、達磨は長江《ちょうこう》（揚子《ようす》江《こう》）を渡って少林寺《しょうりんじ》へ去ってしまったとされるが、このとき、葦《あし》の葉に乗って河を渡ったとか、少林寺で壁に向かって九年間坐禅《ざぜん》をしていたとか、最後には毒殺されたとか、さまざまな伝説が作られ、一時期達磨は、坐禅を修する人たちを象徴する架空の人格であるとみられたこともあった。

中国禅宗は、初祖達磨―二祖慧可《えか》―三祖僧璨《そうさん》―四祖道信《どうしん》―五祖弘忍《ぐにん》《こうにん》（弘忍の読みは、今日の曹洞宗《そうとうしゅう》では「こうにん」、臨済宗《りんざいしゅう》では「ぐにん」としており、本書では併記する）と次第するが、日本に法相宗を伝えた道昭《どうしょう》が学んだのは、慧可―僧那《そうな》―慧満《えまん》―道昭と伝わる別系統である。また、道信門下の牛頭法融《ごずほうゆう》の系統は牛頭宗《ごずしゅう》と呼ばれ、日本天台宗《てんだいしゅう》の祖最澄《さいちょう》が天台山《てんだいさん》で学んだのはこの系統である。弘忍門下には神秀《じんしゅう》と慧能《えのう》が出て、いわゆる北宗《ほくしゅう》禅《ぜん》と南宗禅《なんしゅうぜん》に分かれる。北宗は長安《ちょうあん》・洛陽《らくよう》などで栄え、八世紀後半には衰えるが、最澄

図1　蘆葉達磨図
（成道寺所蔵）

の師行表《ぎようひよう》が渡来僧道璿《どうせん》から学んだ禅はこの系統に属する。結果的に江南《こうなん》（長江以南）地域に展開した南宗が生き残ったため、達磨から六代目の慧能が後世に伝わる禅宗の祖と仰がれ、「六祖《ろくそ》」という呼び名は慧能の代名詞となる。

慧能の孫弟子に当たる馬祖道一《ばそどういつ》（七〇九―八八）と石頭希遷《せきとうきせん》（七〇〇―九〇）は、共に門下に多くの僧を集め、天下二大甘露門《かんろもん》と称された。禅の基本的な思想も、馬祖下・石頭下の僧たちが交わした問答によって形成されたといえる。嵯峨《さが》天皇のころに渡来した義空《ぎくう》は、馬祖の孫弟子である。馬祖が活躍したのが江西《こうぜい》（長江中流域）で、石頭は湖南《こなん》（洞庭湖南部）にいたことから、それぞれから一文字とって、多くの修行僧が集う法会を「江湖会《ごうこえ》」と称し、今日の曹洞宗でも行われている。

中国禅宗の展開

八四五年、唐《とう》の武宗《ぶそう》は「会昌《かいしよう》の破仏《はぶつ》」と呼ばれる仏教弾圧を行うが、たまたま中国へ行っていた最澄の弟子円仁《えんにん》が、『入唐求法巡礼行記《につとうぐほうじゆんれいこうき》』にそのようすを伝えている。武宗が破仏を行ったのは、僧侶の堕落や国家の経済的負担などが原因であるが、結果としては、長安など都市部に展開していた学問的仏教が衰え、禅宗は、いわゆる南宗が江南に展開していて、被害を蒙ることが少なく、唐代の末から五代・北宋《ほくそう》にかけて、大きく展開する。

石頭希遷の系統から、洞山良价《とうざんりょうかい》（八〇七—六九）を祖とする曹洞宗、雲門文偃《うんもんぶんえん》（八六四—九四五）の雲門宗《うんもんしゅう》、法眼文益《ほうげんもんえき》（八八五—九五八）の法眼宗《ほうげんしゅう》が成立し、馬祖道一の系統から潙山霊祐《いさんれいゆう》（七七一—八五三）と弟子仰山慧寂《きょうざんえじゃく》（八〇七—八八二）による潙仰宗《いぎょうしゅう》、臨済義《りんざいぎ》玄《げん》（?—八六七）の臨済宗が成立した。一貫して盛んだったのは臨済宗で、宋代に楊岐方《ようぎほう》会《え》（九九二—一〇四九）の楊岐派《ようぎは》と黄龍慧南《おうりゅうえなん》（一〇〇二—六九）の黄龍派に分かれた。曹洞・雲門・法眼・潙仰・臨済を五家とし、楊岐・黄龍の二派を加えて五家七宗《ごけしちしゅう》と総称する。南宋代には臨済宗楊岐派以外はあまりふるわず、日本へも明庵栄西《みんなんえいさい》《みょうあんようさい》（一一四一—一二一五。栄西の号と名の読みについては諸説あるので、本書では二通り併記する）が臨済宗黄龍派を伝え、道元《どうげん》（一二〇〇—五三）が洞山の弟子雲居道膺《うんごどうよう》（八三五—九〇二）の系統の曹洞宗を伝えたほか、わずかな例外を除くほとんどの禅僧が伝えたのは、臨済宗楊岐派である。

宋代には、禅の法燈《ほうとう》が伝えられた歴史を綴った燈史《とうし》や、悟りの機縁を示す問答に注釈をほどこした公案《こうあん》集が編纂される。『祖堂集《そどうしゅう》』や『景徳伝燈録《けいとくでんとうろく》』『嘉泰普燈録《かたいふとうろく》』は代表的な燈史であるし、『碧巌録《へきがんろく》』『従容録《しょうようろく》』あるいは『無門関《むもんかん》』などの公案集は、今日でも広く読まれている。みようによっては、禅の歴史と思想が整理体系化されたといえるが、師と弟子の間で交わされる真剣勝負としての問答よりも、模範的回答を知っていることが重視され、ある意味で修行や悟りのマニュアル化が進んだともいえる。日本人僧がさかんに渡海参学するのは鎌倉期以降であるから、中国では南宋代、禅宗が五山《ござん》制度などによって統制されていた時期で、五山制度ものちに日本禅宗に導入される。

元《げん》・明《みん》代にも禅僧の交流はあるが、中国の禅宗が浄土信仰を取り入れていくのに対し、日本禅宗はその影響をあまり受けず、明末の混乱で隠元隆琦《いんげんりゅうき》（一五九二―一六七三）らが渡来して以後は、鎖国《さこく》されたこともあって交流は途絶える。

日本禅宗

日本禅宗の歴史は、一般には鎌倉時代、京都建仁寺《けんにんじ》の開山明庵栄西が中国から伝えてから始まると理解されている。しかし、日中の仏教交流の歴史を子細に点検してみると、かなり早い時期、すなわち奈良・平安時代から、日本仏教は禅に触れてきたのである。もちろん、鎌倉時代以降の中国禅宗の本格的流入がなければ、日本の禅宗も成立はしなかったであろうが、中国禅宗をそのままに受容したというだけではない。六世紀、欽明《きんめい》天皇のころといわれる伝来以来、仏教が日本的展開と変容をとげる過程において、おりに触れて禅宗も伝えられていたのであり、言い換えれば、そうした日本仏教と禅宗との関係を前提とする形で、鎌倉期の禅宗興隆があったといえるのである。とくに平安末期の比叡山《ひえいざん》天台宗においては、栄西が入宋《にっそう》する以前に禅宗に対する関心の高まりがあり、禅を志向したのは必ずしも栄西だけではなかった。

本書では、日本仏教が古代を通じて禅宗に触れてきたことを紹介しながら、奈良・平安期に展開変遷したある伝説について述べるとともに、平安末期から鎌倉初期にかけて、栄西と相前後して禅宗を志向した日本人僧がいたこと、日本仏教の禅宗受容にある傾向があることなどを確認して、中国から伝来した禅宗が、独自の性格ないし傾向を持った「日本禅宗」として受容される歴史を考えてみたい。

日本仏教と禅宗の出会い

達磨さんが日本へやって来た

達磨と聖徳太子の伝説と『元亨釈書』

禅宗《ぜんしゅう》の初祖は、いうまでもなく達磨《だるま》であるが、その達磨が日本に渡来したという話がある。もちろん史実ではなく伝説であり、具体的には、中国天台宗《てんだいしゅう》を開いた天台大師智顗《ちぎ》の師南嶽慧思《なんがくえし》(五一五―七七)が、達磨の勧めに応じて日本の聖徳太子《しょうとくたいし》(五七四―六二二)に生まれ変わり、さらに達磨はそれを助化《じょけ》するために日本に渡来して、大和片岡《やまとかたおか》(奈良県)の地で飢者の姿をとって太子と出会ったという内容である。この太子慧思後身・達磨飢者説に基づけば、日本において仏法興隆を最初に謳《うた》った聖徳太子のころ、達磨の渡来によって禅宗も伝わったことになる。この伝説は、鎌倉末期に著された仏教史書『元亨釈書《げんこうしゃくしょ》』に取り上げられたことによって、禅宗史上の重要な伝説になるのであるが、すでに『日本書紀』にその萌《ほう》芽《が》というべき話が述べられており、その後に伝承されていくなかで形が整えられ、『元亨釈書』にも採録されたのである。

『元亨釈書』は、臨済宗東福寺《とうふくじ》派の僧虎関師錬《こかんしれん》（一二七八―一三四六）が著した、まとまった仏教史書としては日本最初のものといえる。撰者虎関師錬の仏教史観は、のちの仏教史ないしは禅宗史に多大な影響を与えてきた。全体としては、伝（僧侶の伝記）・資治表《しじひょう》（仏教伝来から鎌倉時代までの年表）・志《し》（仏教文化史）という構成であるが、もっともよく読まれているのは、僧侶の伝記部分である。僧伝はさらに、「伝智」「浄禅」など十科に分かたれており、「伝智」は達磨から始まって栄西《えいさい》《ようさい》で終わっている。「資治表」の編纂や第二十七巻以降の「志」の検討など、僧伝部以外をどう理解し、位置づけるかによって『元亨釈書』全体の撰述意図が明確になると思われるが、

図2　聖徳太子像（宮内庁所蔵）

達磨から始まって栄西で終わる「伝智」や、「浄禅」に収録された僧の選択などをみれば、師錬が禅宗を中心として日本仏教史を考えたことはまちがいない。

すでに述べたように、太子慧思後身・達磨飢者説は、虎関師錬が『元亨釈書』に取り上げたことによって、禅宗史上の重要な伝説になる。まず『元亨釈書』の第一巻、「伝智」の先頭に「南天竺菩提達磨《なんてんじくぼだいだるま》」を立伝し、そのなかで、

菩提達磨は、南印度香至王《みなみいんどかしおう》の第三子なり。瀟梁《しょうりょう》の普通元年庚子《かのえね》支那に来る。武帝《ぶてい》のために第一義を説くも帝契《かなわ》ず。すなわち江《こう》を渡り魏《ぎ》に入って嵩山少林寺《すうざんしょうりんじ》に居し、九白《きゅうはく》を経て天竺《てんじく》に帰る。その後八十有六年、わが推古二十有一歳癸酉《みずのととり》、此方に遊す。推古《すいこ》女主、政《まつりごと》を太子豊聡《とよさと》に委《ゆだ》ぬ。十有二月朔《ついたち》、太子和《わ》の片崗を過《すぐ》る。時に達磨飢人の貌《すがた》を作《な》し、弊服襤褸《へいふくらんる》にして路傍《ろぼう》に臥《ふ》す。眼に異光有り、その体甚だ香《かんば》しし。太子これを見て姓名を問わしむも磨対《こた》えず。太子和歌を作りてこれに問うに、磨便《すなわ》ち和歌を以てこれに酬《こた》う。其歌詞共に国史の推古紀にあり。太子飲食を与え、また衣を脱いで付して曰《いわ》く、快く安寝したまえ、と。言い已《おわ》りて宮に帰り、人を遣してこれを看さしむ。使者復《もど》りて言《いわ》く、飢人既に徂《い》きぬ。太子悲慟《ひどう》して駕を命じて馳《は》せて死所に赴き、親しく臣僚を率いて封樹《ふうじゅ》す。居ること数日にして太子侍臣に語りて曰く、さ

きに葬りしところの餓者は凡にあらず、必ずや真人なり。使いをして壙《こう》を開かしむるに、賜うところの衣は棺上に在るも余は有るところ無し。太子便ちその衣を取り、かつ自らこれを服す。時人曰く、これ聖の聖を知るまことなるかな。その太子の築くところの墓、今なお在り。俗にその地を呼んで達磨墳《だるまばか》と号す。磨の事迹、詳しくは宝林・伝燈・唐僧伝等の書に見ゆ

（『大日本仏教全書』一〇一、一四二ページ）

と、太子と達磨の出会いについて述べている。

『日本書紀』にみえる説話

聖徳太子が南嶽慧思の後身であり、大和国片岡で飢人の姿をした達磨と出会うという説話は、最初からそうした形で語られたのではない。太子が慧思の後身であるという伝承と、太子が片岡で会った飢者が達磨であるという伝承が、それぞれ別個であったものを、後人が結びつけたのである。先行して史料に見られるのは、そのいずれをも含まない形での伝承であり、もっとも早く確認できるのは『日本書紀』推古《すいこ》二十一年（六一三）十二月一日条である。すなわち、聖徳太子が片岡で出会った飢者に姓名を問うたが答えず、食べ物と衣服を与えて歌を贈ったが、翌日使者を遣わしてみるとすでに死んでいたので、太子はおおいに悲しんで、墓を造って埋葬し

た。数日して再び使者を遣わして確認させたところ、墓に変わったようすはないのに、開いてみると遺体がなくなっており、衣服だけが棺の上に残されていたというので、太子はその衣服を取ってこさせて常のごとく着用した、とある（岩波書店『日本古典文学大系』六八、一九八ページ）。また『日本霊異記《にほんりょういき》』（同書七〇、七六ページ）では飢者の側からの返歌が載せられており、さらに『万葉集《まんようしゅう》』第三巻四一五番（同書四、一九八ページ）には、同様の話に基づくと思われるものの場所が龍田山《たつたやま》に変わった歌がある。

『日本書紀』では、聖徳太子が出会った人物を「飢者」と表現しており、それが達磨であるとはいっていない。ところが『元亨釈書』では、飢者が達磨であったという表現ではなく、むしろ達磨が「飢人の貌」をして路傍にいたと述べている。つまり、『日本書紀』はあくまで聖徳太子に関する説話として取り上げているのに対し、『元亨釈書』は初めから達磨に関する説話として取り上げ、太子慧思後身説については触れることなく、その意味では太子を脇役に回したかのようである。師錬の意図したところは、むしろ本文に続く賛に述べているように、達磨が葬られたのち、魏帝《ぎてい》の使者宋雲《そううん》が葱嶺《そうれい》で西へ帰る達磨と出会ったことから、墓を開いてみたところ履《は》き物が片方だけ遺《のこ》っていたという、いわゆる「隻履《せきり》の達磨」の説話と、飢人の墓を開いてみると、聖徳太子が与えた衣服だけが遺っていたという説話を紹介して、中国と日本における尸解《しかい》（肉体を遺して魂魄だけが抜け去ること）の類同性を強調し、「爾後《そのご》五百七十有七年、建久の間に心宗《しんしゅう》（禅宗）勃興《ぼっこう》し、寛元以降に祖風発越す」（『大日本仏教全書』一〇一、一四二ページ）と述べているように、達磨の日本遊化《ゆけ》に関連して、日本での禅宗勃興を論じたのであろう。したがって、本来太子慧思後身説に付随して発生した飢者達磨説の方が、師錬にとっては重要であったということになる。

図3　隻履の達磨
（豊橋市美術博物館所蔵）

しかしもう一方でこの話は、かなり早い段階から聖徳太子の説話のなかで重要な位置を占め、南嶽慧思の転生《てんしょう》説と結びつき始めたようである。太子の伝記として現存最古と考えられる『上宮聖徳法王帝説《じょうぐうしょうとくほうおうていせつ》』(『大日本仏教全書』一一二、四三ページ)にはこの話は見えないが、鑑真《がんじん》(六八八—七六三)の弟子思託《したく》が延暦《えんりゃく》七年(七八八)に撰した『延暦僧録《えんりゃくそうろく》』所収「上宮太子菩薩伝《ぼさつでん》」(同書一ページ)は、まさしくこの転生説を述べるために撰述された感がある。伝記としてはごく短いものであるが、前半が慧思の転生譚《たん》、後半が太子に転生した後の、義疏《ぎしょ》撰述や造寺を簡単に紹介しており、要するに慧思が太子に転生したこと以外には大きな記事を含まないものである。

鑑真渡来と聖徳太子の伝説

思託の師鑑真の渡来にもこの転生説は関係している。すなわち真人元開《しんじんげんかい》(淡海三船《おうみのみふね》)が宝亀《ほうき》十年(七七九)に著した『唐大和上東征伝《とうだいわじょうとうせいでん》』に、揚州大明寺《ようしゅうだいみんじ》にあった鑑真と、渡海を要請する栄叡《ようえい》・普照《ふしょう》との間で交わされた会話として、

是《こ》の歳《とし》、唐の天宝元載冬十月、(日本の天平《てんぴょう》十四年、歳次壬午《みずのえうま》なり)時に大和尚揚州大明寺に在りて衆のために律《りつ》を講ず。栄叡・普照大明寺に至り、大和尚足下を頂礼《ちょうらい》してつぶさに本意を述べて曰く、仏法東流《とうる》して日本国に至る。その法ありといえども

伝法の人無し。日本国に昔聖徳太子あり、曰く、二百年後、聖教日本に興ると。今この運を鍾《つ》ぐ。願わくは大和上、東遊して化《け》を起こさんことを。大和上答えて曰く、昔聞くならく、南岳思禅師遷化《せんげ》の後、倭国《わこく》の王子に託生して仏法を興隆し、衆生《しゅじょう》を済《さい》度《ど》すと。また聞くならく、日本国の長屋王《ながやのおう》、仏法を崇敬《すうけい》し、千の袈裟《けさ》を造りてこの国の大徳衆僧に棄施す。その袈裟の縁上に四句を繍《ぬ》い著《つ》けて曰く「山川域を異にすれども、風月天を同じうす、諸仏子《ぶっし》に寄せて共に来縁を結ばん」と。これを以て思量するに、誠にこれ仏法興隆有縁の国なり

（『大日本仏教全書』一一三、一〇九ページ）

とある。つまり鑑真自身が、長屋王が千人の袈裟を中国の僧に布施したエピソードとともに、慧思が倭国の王子に転生して仏法興隆し、衆生を済度したという話を述べたというのである。この記述に基づけば、当時の中国において、聖徳太子が慧思の後身であるという伝承はかなり知られていたことになる。もっとも元開の『東征伝』よりも、現在は散逸して全文が伝わっていない『大唐揚州龍興寺《りゅうこうじ》和上鑑真名記伝《めいきでん》』、つまり思託が著した『東征伝』が、宝亀二年（七七一）成立の『七代記《しちだいき》』という史料（後述）に引用されていることからみれば、元開は思託の説を受けて書いたとも考えられる。この鑑真渡来にまつわるエ

ピソードは、中国の僧伝である『宋高僧伝《そうこうそうでん》』第十四「唐揚州大雲寺鑑真伝」(『大正蔵経』五〇、七九七ページ下)にも取り上げられ、「僧思託、東征伝を著して詳しく述ぶ」とあることからも、この話に思託が深く関わっていることが窺える。

初期の禅宗伝来

歴史的な史料で確認できる禅宗の伝来は、鑑真の渡来よりもさらに早く、すでに奈良時代以前に第一歩が印されている。『続日本紀《しょくにほんぎ》』文武《もんむ》天皇四年(七〇〇)の条には、日本に初めて法相宗《ほっそうしゅう》を伝えた道昭《どうしょう》が、遺言によって火葬されたとある。道昭は白雉《はくち》四年(六五三)に中国へ行き、『西遊記《さいゆうき》』で有名な玄奘三蔵《げんじょうさんぞう》に学んだ。初めて道昭を見た玄奘は、インドへの旅の途中で喉《のど》が渇いて死にそうになったとき、一人の僧がくれた果物を食べて命拾いし、旅を続けられたが、おまえはその僧の生まれ変わりだ、と言ったという。おそらく道昭が外国人ながら優秀であるとみて、弟子として優遇するための発言だったのであろう。歴史の教科書では、道昭は法相宗を初めて伝えた人物となっているが、一方で隆化寺《りゅうけじ》(河南省《かなん》)の慧満《えまん》について禅を学んでいる。禅宗の系統としては、達磨―慧可《えか》―僧那《そうな》―慧満―道昭となり、中国禅宗が本格的に展開する唐代の六祖慧能の時期よりも早く、もっとも初期の禅宗に学んだことになる。帰国した道昭は、法興寺《ほうこうじ》(のちの元興寺《がんごうじ》)の東南隅に禅院を建てて住し、坐禅を修したと伝えられるが、取

図4　橋を架ける行基　『元興寺極楽坊縁起』より。
（元興寺所蔵・（財）元興寺文化財研究所写真提供）

り立てて禅宗を広めたようすはない。全国を周遊して各地で土木事業を行ったが、その遺風は弟子の行基《ぎょうき》に受け継がれ、行基は朝廷の弾圧を受けながらも、重税に苦しんで耕作を放棄し、難民化した人たちをまとめて面倒をみ、橋や池を造るなどの社会事業に導いた。玄奘三蔵は、玄宗皇帝の帰依《きえ》を受けて長安《ちょうあん》の都で活躍した人であるが、慧満はぼろぼろの法衣を繕《つくろ》いながら着るような貧しい生活をしながらも、自由闊達な人であったといわれる。道昭・行基が社会救済事業に力を入れた背景には、道昭が学んだ禅の教えがあったのかも知れない。

鑑真の渡来を要請する以前、栄叡と普照はとりあえず日本で律学を講じてくれる人材を送ることを考え、その依頼を承けて道璿《どうせん》が、インド僧菩提僊那《ぼだいせんな》らとともに天平八年（七三六）に渡来する。道璿は律学のほかに天台・華厳《けごん》にも通じ、さらに嵩山普寂《すうざんふじゃく》から北宗禅を受けている。北宗禅とは、五祖弘忍《ぐにん》門下で六祖慧《え》能《のう》の法兄に当たる神秀《じんしゅう》の系統で、普寂は神秀の弟子である。結果的に六祖門下が栄えたために、北宗禅はふるわなかったような印象もあるが、神秀は則天武后《そくてんぶこう》・中宗《ちゅうそう》・睿宗《えいそう》の帰依を受けて「三帝国師」と称され、長安・洛陽《らくよう》ではおおいにふるったのである。つまり道璿は、唐朝の都で栄えた禅をもたらしたことになる。のちに最澄の出家の師となる行表は、道璿について学んでおり、おそらく禅を含む道璿の教学は、行表を通して最澄に少なからぬ影響を与えたと思われる。最澄と禅宗の関係については、次章で述べたい。

道昭にしろ道璿にしろ、日本仏教において果たした歴史的役割としては、法相・戒律といった、いわば教学的な傾向が強く、禅を学んだといっても、積極的に広めようとした形跡はない。しかし、日本仏教が古代から禅に触れてきたということはまちがいなく、そうした経緯を踏まえるからこそ、師錬が『元亨釈書』第一巻の冒頭に「南天竺菩提達磨」を立伝したことが、重要な意味を持つといえるのである。

最澄・空海と禅宗

鑑真と如法授戒

鑑真《がんじん》の渡来は、出家した沙弥《しゃみ》・沙弥尼《しゃみに》が二十歳になれば具足戒《ぐそくかい》（正式に出家した男女が、教団内で守るべき戒律の総称）を受けて比丘《びく》・比丘《びく》尼《に》になるという、いわゆる如法授戒《にょほうじゅかい》制度の確立のためであり、五度の失敗と失明という苦難を乗り越えて、天平勝宝《てんぴょうしょうほう》五年（七五三）に来日したのである。翌年の四月には、東大《とうだい》寺大仏殿《じだいぶつでん》前の臨設の戒壇《かいだん》で、聖武《しょうむ》上皇・光明《こうみょう》皇太后・孝謙《こうけん》天皇および沙弥証修《しょうしゅう》以下四百四十余人に授戒し、天平勝宝七年（七五五）には東大寺に戒壇院を建立、天平宝字《ほうじ》五年（七六一）には下野《しもつけ》（栃木県）薬師寺《やくしじ》・筑紫《ちくし》（福岡県）観世音寺《かんぜおんじ》に戒壇を設立した。この三カ寺の戒壇を総称して「天下三戒壇」とし、比丘・比丘尼になるには三戒壇のいずれかで

図5　授戒する鑑真　『東征伝絵巻』より。

具足戒を受けなければならないという、仏教教団としてあたりまえの制度が、ようやく整ったといえる。

鑑真招請については、日本への仏教伝来以降、出家受戒《じゅかい》の制度が便宜的な形であったことを憂えた元興寺《がんごうじ》の隆尊《りゅうそん》が、如法授戒を熱望して舎人《とねり》親王に説き、普《ふ》照《しょう》・栄叡《ようえい》の派遣を実現させたとされている。もう一つの要因として、当時「律師《りっし》」に任ぜられた大安寺《だいあんじ》の道《どう》慈《じ》が、教団の自己規制機能を高めるために、如法授戒を推進したともいわれる。その背景になったのは、前章で紹介した行基《ぎょうき》の活動と、彼を取り巻く似非《えせ》出家集団であり、一方では無視し得ない行基グループを大仏建立に取り込みつつ、他方では非合法出家者（私度《しど》僧《そう》）を防止し、僧侶の資質を向上させる手段として、如法授戒を取り入れようとしたと考えられるのである。

せっかく如法授戒制度が整ったものの、持戒清浄《じかいしょうじょう》を保つ風が高まったかというと、たとえば道鏡《どうきょう》の政界進出などを含めて、教団腐敗についての記録が頻出しており、隆尊・道慈が期待したようにはならなかったのである。称《しょう》徳《とく》天皇（聖武《しょうむ》の娘、孝謙天皇の重祚《ちょうそ》）崩御の後に即位した光仁《こうにん》天皇は、従来僧尼令《そうにりょう》では禁じられていた山林修行の許可や、戒行清浄の僧の優遇措置といった改革を打ち出している。桓武《かんむ》天皇による平安遷都《へいあんせんと》なども、堕落した南都《なんと》大寺院を平城京《へいじょうきょう》に置き去りにした点からみれば、仏教界の粛正と再編成の動きとみることができる。

最澄が学んだ禅

政治改革をめざした桓武天皇は、南都仏教界を切り捨てるようにして平安京へ都を移したが、仏教自体を棄てたわけではなく、新しい人材を探していたのである。最澄《さいちょう》（七六七―八二二）は延暦《えんりゃく》四年（七八五）、東大寺で具足戒を受けて比丘になると、ただちに比叡山《ひえいざん》に籠もって厳しい修行を続けていたが、おそらく側近の和気広世《わけのひろよ》・真綱《まつな》の兄弟を通じてその存在を知った桓武は、早い時期から積極的に支援している。桓武天皇の後援で最澄の社会的地位は高められたが、やはり本場中国で学びたいという願望を棄てきれず、延暦二十三年（八〇四）に短期留学僧《るがくそう》として唐《とう》へ渡った。長安《ちょうあん》へ向かう遣唐使《けんとうし》と別れて、天台宗《てんだいしゅう》が生まれた天台山《てんだいさん》（浙江省《せっこう》）に登り、道邃《どうずい》や行満《ぎょうまん》から天台教学や菩薩戒《ぼさつかい》（大乗《だいじょう》仏教の戒律）を学ぶかたわら、禅林寺《ぜんりんじ》（天台山）の翛然《しょうぜん》から

図6　最澄像（一乗寺所蔵）

初期禅宗の一派である牛頭宗《ごずしゅう》を受け、さらに帰国直前のわずかな時間をみて、当時中国で盛んになっていた密教《みっきょう》を、越州《えっしゅう》（浙江省）龍興寺《りゅうこうじ》の順暁《じゅんぎょう》に就いて学んでいる。

最澄は、結果的に四つの教え（法華円教《ほっけえんぎょう》・菩薩戒・禅・密教）を学んだが、これを総合して相承《そうじょう》すること、つまり円・戒・禅・密の「四宗《ししゅう》相承」を、日本天台宗の立場とした。四本柱の一つが禅であったことについては、天台教学でいう観法《かんぼう》の一環として禅をとらえたこと、天台山のなかで学べる環境があったことも要因であろうが、入唐《にっとう》以前、師行表《ぎょうひょう》を通じて道璿が伝えた禅を学んだことが、少なからず影響していると考えられる。右のような事情で、比叡山の仏教（叡山仏教）に禅の伝統が含まれることになり、これが鎌倉時代に禅の隆盛を誘発する要因になったのである。もっとも最澄以降の日本天台宗においては、平安期を通じて、密教の研究と浄土信仰の展開が中心であったために、禅の伝統が顧みられるようになるのは、平安最末期、栄西《えいさい・ようさい》などが禅に注目するまで待たねばならない。それでも、最澄以後に入唐した円仁《えんにん》や円珍《えんちん》も重要な禅宗典籍を持ち帰るなど、日本天台宗における禅に対する関心は、けっして途切れてしまったわけではなかった。

空海がもたらした情報

空海《くうかい》が真言密教を学ぶために唐へ渡ったのは延暦二十三年（八〇四）、つまり最澄と同じときであり、最澄が短期の留学であったのに対し、長期留学僧に選ばれたのである。最澄の目的地は天台山であったので、浙江省に留まったが、空海は長安で隆盛となっていた密教を学ぶために、遣唐使一行とともに長安の都へ赴き、青龍寺《せいりゅうじ》の恵果阿闍梨《けいかあじゃり》に就いて密教を学んだのである。

この時期の中国禅宗は、六祖慧能《えのう》の孫弟子に当たる石頭希遷《せきとうきせん》や馬祖道一《ばそどういつ》の活躍で、いわゆる南宗禅《なんしゅうぜん》の発展期にあった。江西《こうぜい》で活動した馬祖と湖南《こなん》の南嶽にいた石頭のもとには、多くの修行僧が集まって繁栄したので、この両者の門下は「天下二大甘露門《かんろもん》」と称され、のちには多くの僧が修行する法会《ほうえ》を、江西・湖南から一字ずつ取って「江湖会《ごうこえ》」と呼ぶようになったほどである。石頭の系統からは曹洞宗《そうとうしゆう》が生まれ、馬祖の系統からは臨済宗《りんざいしゆう》が生まれるが、空海が在唐した時期には、教団としての禅宗が形づくられるとともに、いわゆる禅の教えが、師と弟子の間で交わされる問答を通じて、醸成されつつあったといえる。

帰国した空海は、規定の留学期間が二十年であったにもかかわらず、三年足らずで帰国したことを咎められたともいわれるが、最澄の好意もあって高雄山寺《たかおさんじ》（現神護寺《じんごじ》・京都市）に入り、嵯峨《さが》天皇の帰依《きえ》を受けたことで、本格的に真言《しんごん》密教を広めていく一方、嵯峨天皇などに中国において禅宗が盛んであることを語ったようである。皇后 橘 嘉智子《たちばなのかちこ》は、しかるべき禅僧を日本へ招きたいと考え、慧蕚《えがく》という僧を馬祖の弟子塩官斉安《えんかんさいあん》のもとに遣わし、その結果、塩官の推薦を受けた弟子義空《ぎくう》が、承和《じようわ》年間の初め（八三四年ごろ）に日本へやって来た。前章で紹介した道昭《どうしよう》や道璿《どうせん》は、いずれも法相学《ほつそうがく》や律学を修めながら、禅も学んでいたという人たちであるが、義空は、禅の宗派化が進みつつあるなかで、後世の禅思想の基盤を形成した馬祖系の直系であり、中国唐代禅宗の折紙付きの禅僧といえるのである。だからこそ虎関師錬《こかんしれん》も、『元亨釈書《げんこうしやくしよ》』「浄禅」の最初に義空を挙げている（『大日本仏教全書』一〇一、二〇六ページ）。

義空は東寺《とうじ》の西院《さいいん》に住して、しばしば宮中《きゆうちゆう》に赴いて禅を説き、また橘皇后に請われて嵯峨天皇の離宮《りきゅう》跡（京都市右京《うきょう》区、嵐山《あらしやま》の地）に檀林寺《だんりんじ》を開いた。檀林寺は日本における最初の禅寺《ぜんでら》ということになり、皇后は檀林皇后とも呼ばれる。せっかく本格的な意味での禅僧として渡来した義空だが、いまだ日本では禅が受け入れられる環境ではないと感じて、数年で帰国してしまい、尼五山《にござん》の一に入った檀林寺も廃絶してしまった。しかし、義空が蒔いた禅宗の種は、時を経て室町時代になって花開いたのである。すなわち、足利尊氏《あしかがたかうじ》が夢窓疎石《むそうそせき》（一二七五―一三五一）を開山とし、後醍醐《ごだいご》天皇はじめ南北朝の争乱で倒れた人たちを供養《くよう》するために建立した天龍寺《てんりゅうじ》は、檀林寺の遺跡に建立されたのであり、しかも五山《ござん》という組織化によって、禅宗が室町将軍家と結びつくと、天龍寺は一躍京都五山の第一位となったのである。

最澄の一大改革

延暦二十四年（八〇五）に帰国した最澄は、翌二十五年、法相宗・三《さん》論宗《ろんしゅう》に各三名、華厳《けごん》宗・律宗に各二名の年分度者《ねんぶんどしゃ》（諸宗にわりあてられた年毎の出家者数）を賜り、あわせて天台宗にも二名の年分度者を賜るよう上表して許可された。これによって日本天台宗が公式に認められたことになるのだが、このことに対して南都《なんと》仏教からの強い反対はなかったようである。最澄に対する南都からの猛烈な攻撃が始まるのは、弘仁《こうにん》九年（八一八）に『六条式《ろくじょうしき》』『八条式《はちじょうしき》』を制し、翌十年には『四条《しじょう》式《しき》』を制することによって、小乗戒《しょうじょうかい》（南方仏教の戒律）の棄捨《きしゃ》と比叡山一乗止観院《いちじょうしかんいん》に大乗《だいじょう》戒壇の設立を宣言したことによる。つまり、天台宗の僧は南都東大寺の戒壇に登らずに、言い換えれば、鑑真が艱難辛苦《かんなんしんく》を乗り越えて渡来し、整備した如法授戒の制度によって「具足戒」を受けるのではなく、梵網経《ぼんもうきょう》に説かれる菩薩戒（十重四十八軽戒《きょうかい》）を単受して比丘・比丘尼となることにしたのである。南都の側からみれば、都が平安京に移っても、如法授戒の道場である東大寺が南都にある以上、比丘・比丘尼を再生産する許認可権は、依然として南都が掌握していることになるが、大乗戒壇の設立が認められてしまえば、その許認可権すら分散剥奪されてしまうことになるのであるから、断固反対するのは当然なのである。外護者《げごしゃ》である桓武天皇は大同《だいどう》元年（八〇六）に崩御してしまっており、結局最澄の存命中には認められず、弘仁十三年（八二二）六月十一日、最澄没後七日目にようやく大乗戒壇設立の勅許《ちょっきょ》が、弟子光定《こうじょう》（七七九―八五八）の奔走によって下った。

この、最澄が打ち出した「単受菩薩戒」という制度は、単に南都の許認可権を脅かしたというだけではなく、日本以外の仏教圏ではみられない、ある意味では仏教の常識からははずれたものであり、その点で大改革であったといえる。また叡山仏教だけではなく、日本仏教全体において、戒律という本来実践的であるべき規律を、理念的に理解するという傾向を生み出したともいえる。日本禅宗もそうした傾向と無関係ではないが、本書のテーマからは離れる部分もあるので、いまは触れないでおく。

天台宗における達磨渡来伝説

最澄の弟子光定は、当時勢力を盛り返しつつあった藤原氏の冬嗣《ふゆつぐ》などに働きかけたようであるが、一方で承和元年（八三四）に撰述した『伝述一心戒文《でんじゅついっしんかいもん》』（『大正蔵経』七四、六三四～六五九ページ）で、最澄が首唱した単受菩薩戒の正当性を証明するために、それが達磨《だるま》の「一心戒」の系譜に連なるものであると主張したのである。『伝述一心戒文』においては、太子が慧思《えし》の後身であるという記述が頻繁に見られ、片岡山の飢者が達磨であると明記されており、慧思と達磨は重要な登場人物としてしばしば言及されている。同書が慧思転生《てんしょう》と飢者達磨の話の典拠として引いているのは、『上宮厩戸《じょうぐうまやど》豊聡《とよと》耳《みみ》皇太子伝』である。この書について飯田瑞穂氏（「聖徳太子片岡山飢者説話について」『日本古代史論集』）は、最澄が『天台法華宗付《てんだいほっけしゅうふ》法縁起《ほうえんぎ》』（『伝教大師全集』五）に全文を引用した「明一伝《みょういつでん》」（宝亀《ほうき》二年〈七七一〉成立）と呼ばれる太子伝であり、内容としては『寧楽遺文《ならいぶん》』（下、八九〇ページ）に『七代記』の名で収録されているものとされている。確かに『伝述一心戒文』の引用文は、『七代記』の記事と合致し、そこに含まれている『大唐国衡州衡山道場釈思禅師七代記《だいとうこくこうしゅうこうざんどうじょうしゃくしぜんじしちだいき》』（以下『慧思七代記』）や「碑下題《ひげのだい》」といった史料も引いている。また、やはり『七代記』に引かれている『大唐揚州《ようしゅう》龍興寺《りゅうこうじ》和上《わじょう》鑑真名記伝《めいきでん》』（以下『鑑真名記伝』）、すなわち思託《したく》による『東征伝』も含めて引用している。このような点からみる限り、光定が慧思と達磨の伝承を『伝述一心戒文』の重要なエピソードとして挿入するについては、『七代記』が基になっているとみてよいと思われるが、もっとも重要なのは、光定は引用に際して、『七代記』が「彼の飢老は、けだしこれ達磨か」と消極的に述べている点を、「達磨なり」と変えていることである。つまり、断定的な表現に変えることで、この説の定着化を図ったといえる。『慧思七代記』や「碑下題」については後で触れるが、ここでも思託が深く関わっていることは、非常に興味深い。

聖徳太子と達磨の出会い

聖徳太子自身の伝記としては、成立年次不明の『上宮聖徳太子伝補闕記《じょうぐうしょうとくたいしでんほけつき》』（『大日本仏教全書』一一一、五ページ）に、太子と片岡山飢老の説話が見られるが、その記述は細部において『日本書紀《にほんしょき》』と食い違っており、また慧思転生や飢者達磨については触れられていない。藤原兼輔《かねすけ》が延喜十七年（九一七）に著した『聖徳太子伝暦《でんりゃく》』（同書一一一、九ページ）になると、『補闕記』や他書の記事を取り入れながら、さまざまに潤色している。それぞれの記述の間には矛盾も見られるが、

『伝暦』は太子の伝記として確固たる地位を築き、太子慧思後身と飢者達磨の説話もしだいに定着する。『伝述一心戒文』が引用している『七代記』、そこに含まれている『慧思七代記』や「碑下題」、『鑑真名記伝』（『大唐伝戒師僧名記伝』となっている）も割註として引かれており（同書二一、二五・三三ページ）、この説話に関係する史料がおおむね顔をそろえたといえよう。『伝述一心戒文』が書き換えた『七代記』の「彼の飢老は、けだしこれ達磨か」という記事も、「七代記に云う、飢人はもしくは達磨か」と、そのままのニュアンスで引いている。

『伝述一心戒文』に『上宮厩戸豊聡耳皇太子伝』の名で引かれている文は、飯田氏が指摘されるように『七代記』からの引用と考えて差しつかえない内容である。また飯田氏は、『習見聴諺集《しゅうげんちょうげんしゅう》』第九の興福寺実暁《こうふくじじつぎょう》による同寺東院《とういん》の書籍目録に、「釈明一撰《しゃくみょういっせん》」と記されていることを根拠として、『七代記』と「明一伝」を異名同書と推定されている。ところが、いくつかの史料においては、『七代記』と「明一伝」を別個の文献として、それぞれからの引用文があり、この二書を同一のものと考えるについては、さらに慎重な検討が必要であるように思われる。

そのことはひとまずおくとして、その引用された内容については、一つの特徴めいたものがある。それは、「明一伝」からの引用は聖徳太子の事績のさまざまな部分を述べているのに対し、『七代記』からの引用について見ると、『伝暦』における二回のうち一回だけが、「七代記に云う」としながら実際は『七代記』が引く『鑑真名記伝』の孫引きになっているものの、それ以外はすべて、『七代記』に引かれている『慧思七代記』からの引用になっている、ということである。『伝暦』も、下巻の引用では『慧思七代記』と『鑑真名記伝』を併記している。こうした点からみれば、あるいは諸書が『七代記』として引くのは、『寧楽遺文』所収の『七代記』全体をいうのではなく、『慧思七代記』を指すのかも知れない。『七代記』全体の構成を見ると、前半に片岡山での飢人との出会いを含めた太子の事績が、『日本書紀』を抄出する形で述べられた後、後半は『慧思七代記』「碑下題」『鑑真名記伝』、そして『釈思禅師遠忌伝』の順での引用が続いている。諸書が『七代記』として『慧思七代記』を引いていることから考えれば、『伝暦』が『七代記』の名で『鑑真名記伝』を引いたのも、それが『慧思七代記』の文に含まれていると判断したからではあるまいか。

『七代記』の引用文

結局のところ聖徳太子南嶽《なんがく》慧思後身説の基となる慧思転生説は、『七代記』が後半で引用している史料に基づいて語られるものであり、とくにそれに達磨が関係していることについては、『慧思七代記』が明記しているのである。それをはっきりと太子慧思後身と飢者達磨の説話に発展させたのは誰かということになると、現時点では明確ではない。ただ、確認できる史料のなかでは、つねに鑑真の弟子思託が関係することが指摘できる。もっとも思託の『上宮太子菩薩伝』は、太子慧思後身は明言するものの、片岡山飢者および飢者達磨については触れていない。つまり思託は、南嶽慧思が転生して聖徳太子となったことを、『鑑真名記伝』で定着させ、それを基に『日本書紀』のいう片岡山の飢者と、『慧思七代記』で慧思に海東への転生を促した達磨を結び付けたのが、『七代記』の作者ということになると思われる。しかし、これらの説話をもっとも発展した形で伝えているのは、光定の『伝述一心戒文』である。『元亨釈書』も、形としては『伝述一心戒文』の話を承けたものと考えられる。

中国における転生説話と日本人禅僧第一号

二種の『七代記』

南嶽慧思《なんがくえし》が聖徳太子《しょうとくたいし》に生まれ変わるという、日本における転生《てんしょう》説話は、宝亀《ほうき》二年（七七一）成立の『七代記《しちだいき》』でまとめられ、承和《じょうわ》元年（八三四）最澄《さいちょう》の弟子光定《こうじょう》の『伝述一心戒文《でんじゅついっしんかいもん》』において一応の形を完成させたといえるが、この転生説話の中国における展開の過程についても、可能な範囲で検討してみたい。

中国においてこの説話が知られていたことを示唆《しさ》する史料としては、前に述べたように『唐大和上東征伝《とうだいわじょうとうせいでん》』がある。普照《ふしょう》・栄叡《ようえい》が鑑真《がんじん》に揚州大明寺《ようしゅうだいみんじ》で日本への渡海を要請したさいに、鑑真自身が、長屋王《ながやのおう》が中国の千人の僧に袈裟《けさ》を布施《ふせ》したエピソードとともに、慧思が倭国《わこく》の王子に転生して仏法興隆し、衆生《しゅじょう》を済度《さいど》（救済）したという話を述べたという

図7　南嶽福厳寺（伝慧思開創　湖南省衡山）筆者撮影

ものである。鑑真伝としては、宝亀十年（七七九）真人元開《しんじんげんかい》の撰述した『東征伝』よりも、現在は散逸して全文を知ることはできないが、『七代記』に引かれている思託《したく》の『東征伝』、すなわち『鑑真名記伝《めいきでん》』が先行している。『鑑真名記伝』の一部は『七代記』（『寧楽遺文《ならいぶん》』下、八九四ページ）、『伝述一心戒文』（『大正蔵経』七四、六五三ページ下）、『聖徳太子伝暦《でんりゃく》』（『大日本仏教全書』一一二、一三三ページ）、『太子伝古今目《ここんもく》録抄《ろくしょう》』（同書一一一、五一ページ）などに引かれている。その引用文はすべて共通しており、『七代記』の引用文が量的にはもっとも多い。『伝暦』はそれを二回に分けて引き、『伝述一心戒文』はその前半、『太子伝古今目録抄』は後半を引いている。慧思の日本への転生については触れていないが、慧思が弟子の智顗《ちぎ》に、仏在世中に霊山会上《りょうぜんえじょう》で共に説法を聴聞した宿縁《しゅくえん》を語っていることからみて、当然日本への転生を連想させる内容である。『宋高僧伝《そうこうそうでん》』が元開の『東征伝』と同内容の記事を、思託の『鑑真名記伝』を典拠としていることや、同じ思託の手になる『上宮皇太子菩薩伝《じょうぐうこうたいしぼさつでん》』が、聖徳太子慧思後身説だけを述べていることからも推測できる。しかし、元開の『東征伝』にしても『鑑真名記伝』にしても、いずれも日本で成立した鑑真伝であり、その意味では、太子慧思後身説が実際に中国でそれほど広まっていたかどうか、不明である。ただ『宋高僧伝』にその話が引かれていることから見て、まったく知られていなかったわけではないと考えられる。

慧思の転生と達磨《だるま》を結びつけたのは『七代記』であるが、思託の『東征伝』つまり『鑑真名記伝』とともに『七代記』に引かれている重要な史料は、『慧思七代記』である。飯田氏が言われるように、「明一伝《みょういつでん》」が『七代記』と呼ばれるのは、『七代記』の名で諸書に引用されるからであり、末木文美士《すえきふみひこ》氏（「奈良時代の禅」五五一ページ『禅文化研究所紀要』一五号）は、それはこの『慧思七代記』に由来すると指摘されている。しかし前にも述べたように、『七代記』として引かれている文章は、実際には『慧思七代記』からの引用文であり、その意味では諸書にいう『七代記』とは『慧思七代記』を指すと考えることも可能である。言い換えれば、『寧楽遺文』が『七代記』と称していることについても、それが適切な呼称であるかどうか、なお検討の余地がある。

『慧思七代記』

『慧思七代記』が中国成立のものであるのか、本書の主題とする転生説話が形成される過程で捏造されたものか、現時点では明言できない。

『慧思七代記』は、「魏文帝《ぎぶんてい》即位太和八年（二三四）歳次丁未《ひのとひつじ》」に達磨が衡山《こうざん》（南嶽、湖南《こなん》省）に現れ、慧思に海東に転生することを勧めたというものであり、その後の慧思の六回にわたる転生を述べ、第七生は「倭国《わこく》の王家」に生まれるとしている。さらに続けて「碑下題」に「倭州の天皇は、彼の聖化《せいか》するところ」とあることが記されている（『寧楽遺文』下、八九三～八九四ページ）。問題の一つは、「碑下題」の後の「李三郎帝即位開元六年（七一八）歳次戊午二月十五日、杭州銭唐館《こうしゅうせんとうかん》に写し竟《おわ》る」という奥書《おくがき》めいた年記である。この年記については、飯田・末木両氏とも『慧思七代記』の奥書と理解されている。しかし、同時にこの年記は「碑下題」の奥書とも見得るのである。そうであるならば、『慧思七代記』の成立はもう少し下るのであり、逆に言えば『七代記』の成立した宝亀二年（七七一）に近づくことになる。『慧思七代記』そのものについては、飯田氏は、聖徳太子慧思後身・飢者達磨説と関連して道璿《どうせん》・鑑真などの周辺で創作されたのではないか、という疑問を呈され、末木氏は、「魏文帝即位太和八年歳次丁未」の「八」が「元」の写誤であるとすれば、文帝が明帝に代わっているものの干支《かんし》は合致するし、本文中に慧思の前身の没年として記されている「後魏帝拓抜《たくばつ》（後魏を建てた部族）皇始元年（三九六）景申」も、「景」が「丙」の諱字（使用をはばかる文字の代わりに用いる字）であるとすれば干支は合うとして、中国成立の可能性が高いとされている。

転生説話と達磨の伝説の結合

慧思転生の伝説が形成される過程で、非常に大きな影響を与えたのは、『南岳思禅師法門伝《ほうもんでん》』であろう。同書は散逸して現存していないが、『聖徳太子平氏伝雑勘文《しょうとくたいしへいしでんざつかんもん》』や『上宮太子拾遺記《じょうぐうたいししゅういき》』に、「南岳思禅師法門伝云」あるいは「法門伝云」として引用されている。その内容は、おそらく慧思の伝記と示寂にまつわる記事や、天台大師《てんだいだいし》智顗を含めた門流について述べたものと思われる。『聖徳太子平氏伝雑勘文』下一（『大日本仏教全書』一一二、一一二ページ）と『上宮太子拾遺記』第一（同書一一二、二五二ページ）に同一箇所が引かれており、示寂《じじゃく》に際して慧思が「無仏法処《むぶっぽうしょ》」へ転生すると遺言した、ということである。この『南岳思禅師法門伝』の撰者は、『伝法宝記《でんほうぼうき》』の撰者でもある杜朏《とひ》（生没年不詳）である。達磨の伝記におけるさまざまな伝説の形成には、『伝法宝記』が大きな役割を果たしているが、慧思においても類似した伝説が指摘できる。もちろん短絡的に杜朏自身が慧思と達磨を結び付けたとはいえないが、両者に関する類似した伝説を対比した場合、それを結び付けようという発想は至極容易に浮かぶと思われる。

『南岳思禅師法門伝』の成立年次は不明であるが、『伝法宝記』が開元《かいげん》元年（七一三）の成立とされているので、その前後と考えられる。そうなると、『七代記』にある「碑下題」の後の開元六年（七一八）の奥書との関係が微妙になってくるのである。つまり奥書を『慧思七代記』全体のものとすると、「倭州天皇は彼の聖化するところ」という記事を含む「碑下題」は、『南岳思禅師法門伝』や『伝法宝記』の成立とほぼ同時期かむしろ早い時期のものということになり、『慧思七代記』自体が両書と同時期の成立ということになる。聖徳太子慧思後身説も、『南岳思禅師法門伝』や『伝法宝記』の成立と同時期か、ないしはそれ以前に中国で知られていたということであり、天宝《てんぽう》元年（七四二）揚州大明寺で東渡を請う栄叡と普照に対し、鑑真の口から太子慧思後身説が語られたとしても不自然ではない。しかし、中国で慧思転生伝説が形成される以前に、明確な形での太子慧思後身説があったとは思えず、ここでは開元六年の奥書は「碑下題」のものと考え、『慧思七代記』はもう少し後に成立したものとみたい。

『七代記』のなかでもう一つ引用されているのは、『釈思禅師遠忌伝《しゃくしぜんじおんきでん》』である。同書は『聖徳太子伝暦』や『太子伝古今目録抄』（『大日本仏教全書』一一二、五一ページ）に引かれているが、若干の字句の相違はあるものの、いずれも同一箇所であり、それ以外の部分についてはまったく不明である。その内容として述べられているのは、慧思示寂後もその教えを護る万余の弟子があって、毎年の忌日には必ず参集して法会《ほうえ》を営んでいることである。そのなかの「人あり、進んで久しく世間に住し、衆生を度脱《どだつ》（救済）せしめんことを勧む。禅師すなわち答う、十人の錦《にしき》を脱する者あらば、我また世間に住せんと擬す」というやりとりは、ある意味では慧思の転生を連想させるものである。慧思の臨終を伝えるなかで、その転生についてはかなり早い時期からいわれていたのかも知れない。

説話の成立

『慧思七代記』「碑下題」『南岳思禅師法門伝』『鑑真名記伝』『釈思禅師遠忌伝』などの史料については、すべてが他書に引用された断片史料であり、それぞれについて不明な点がきわめて多い。しかし以上のように、中国における慧思転生説および達磨との関係を考える上で、それぞれが重要な意味を持っていると思われる。今後さらに確実な史料の発見が望まれるが、現時点で確認した限りの断片をつなぎあわせて、説話の一応の成立過程を考えておくと、『釈思禅師遠忌伝』に見られるように、南嶽慧思示寂後まもない時期にはその転生について漠然とした伝承があり、それが『南岳思禅師法門伝』が著された八世紀初頭には、はっきりと「無仏法処」に転生するという形になったと思われる。一方達磨の伝説も『伝法宝記』によって形作られ、慧思と達磨の伝記の類似性が出てきた。また、おそらく遣唐《けんとう》留《る》学僧《がくそう》などの口から聖徳太子の事績が伝えられ、「碑下題」のように一部の史料には慧思と太子を結び付けるものが見られた。八世紀の中ごろに『慧思七代記』が慧思の七代転生を語るとともに、そこに達磨を登場させ、はっきり慧思と達磨を結び付けた。それとは別に、思託は師鑑真の決死の渡海行の経緯を綴るに際し、その必然性を、『南岳思禅師法門伝』などを参考としながら、当時中国でもある程度知られていた聖徳太子と慧思を結び付けて『鑑真名記伝』の主要なエピソードにするとともに、『上宮太子菩薩伝』として『延暦僧録』に入れ、日本におけるこの説話の定着を図った。思託が『南岳思禅師法門伝』を参考にしながら、太子と慧思を結び付けようとしたのは、『南岳思禅師法門伝』の「無仏法処」に転生するという慧思の遺言を、『上宮太子菩薩伝』では「東方無仏法処」（『大日本仏教全書』一一二、一ページ）と改変していることでも推測できる。

以上が、現時点で確認できる史料に基づいて、一応想定し得る中国での説話の発展過程であり、この後は前項で述べたように、『七代記』が慧思転生と達磨の関係から、片岡山の飢者を達磨に結び付けるのである。ただし、『七代記』は「かの飢者はけだしこれ達磨か」と消極的に述べているが、光定が『伝述一心戒文』で当該箇所を引用しながら、「達磨なり」と変えることによってこの説話をほぼ完成させたことになり、のちの『聖徳太子伝暦』や『元亨釈書』も、おおむね『伝述一心戒文』の記述を受け入れるのである。

中国禅宗で語られた転生説話

慧思転生の伝説は、鑑真渡来の事情をめぐって日本に輸入され、聖徳太子と結びつけられたと考えられるが、その後の中国においても忘れ去られたわけではない。一つには前述のごとく、端拱《たんきょう》元年（九八八）成立の『宋高僧伝』第十四にも、思託の『鑑真名記伝』を典拠とする鑑真と栄叡・普照のやりとりが伝えられている。またそれより早く、九五二年に編まれた『祖堂集《そどうしゅう》』第八雲居道膺《うんごどうよう》（？—九〇二）章に、雲居と師洞山良价《とうざんりょうかい》（八〇七—六九）の問答として、

洞山また師（雲居）に問う、我聞くならく、思大和尚倭に向かいて王となる、虚なりや実なりや。師云わく、もし是れ思大《しだい》（和尚）ならば、仏にすらまた作《な》らず、あに況《いわ》んや国王にをや。洞山嘿然《もくぜん》としてこれを許す

（中山出版社『禅学叢書』四、一五一ページ）

とある。同じ問答が『宋高僧伝』第十二（『大正蔵経』五〇・七八一ページ中）、景徳《けいとく》元年

図8　洞山普利禅院（江西省）筆者撮影

（一〇〇四）成立の『景徳伝燈録《けいとくでんとうろく》』第十七（同書五一・二三四ページ下）にもある、つまり『祖堂集』以降この問答は、雲居の伝記のなかでかなり重視されてきたものといえる。前に仮定した経緯で聖徳太子慧思後身説が形成されたとすれば、洞山や雲居がそれを知っていたとしても不思議はない。しかし、洞山と雲居の間で交わされた問答を除けば、ほかに太子慧思後身説が話題となった痕跡が見られないことから考えると、とくに彼らがその説話を意識するような事情があったのではないかと思われる。

日本人禅僧第一号

曹洞宗《そうとうしゅう》を日本に伝えたのが永平道元《えいへいどうげん》（一二〇〇―五三）であることは周知の事実である

が、洞山の法にもっとも早く触れた日本人ということになると、瓦屋能光《がおくのうこう》（生没年不詳）といわねばならない。瓦屋については、『延宝伝燈録《えんぽうでんとうろく》』巻一（『大日本仏教全書』一〇八、四六ページ）、『日本洞上聯燈録《にほんとうしょうれんとうろく》』巻十二（同書一一〇、五〇七ページ）、『本朝高僧伝《ほんちょうこうそうでん》』巻十九（同書一〇二、一七二ページ）などに立伝されているが、その事績はほとんど不明である。わずかに入唐して洞山良价の法を嗣ぎ、天復《てんぷく》（九〇一〜〇四）の初めに蜀《しょく》（四川《しせん》省）に入って、永泰軍節度使《えいたいぐんせつどし》禄虔扆《ろくけんちゅう》が建てた禅院で洞山の宗風《しゅうふう》を挙揚し、長興《ちょうこう》年末（九三四年ごろ）に蜀地で示寂したことのみが伝えられている。世寿百六十三歳という伝承に従えば、洞山に参じたときにはすでに九十歳前後であったことになり、瓦屋自身が伝説的な人物である。ただ、中国の史料のなかにときおり瓦屋の名が見られることから、あるいは長期にわたって中国で活動した日本人僧として、それなりに認知されていたのかも知れない。瓦屋の出自・参学歴・入唐《にっとう》年次などは一切不明であるが、あえて推測するならば、「瓦屋」という呼び方は禅僧の道号としてはいささか不自然である。唐代の禅僧の多くが、洞山良价・雲居道膺、あるいは臨済義玄など、僧名に居住していた山名か寺名を冠して呼ばれていたことから考えて、おそらく瓦屋能光も同様の原則で呼ばれたのではないだろうか。まったく根拠のない、思いつきのような憶測に過ぎないが、滋賀県八日市《ようかいち》市に瓦屋寺《かわらいじ》（現在は臨済宗妙心寺派）があり、その寺名が、聖徳太子創建の寺院の瓦を焼いた遺跡に建立されたことによる、という伝承を持つことを考え併せると、あるいは瓦屋能光とは「瓦屋寺の能光」のことであり、自らが止住していた寺院の創建由来に関わる聖徳太子の説話を、これから参学しようとする洞山に語ることは十分可能性がある。瓦屋としては海を越えた仏縁を強調するために、太子慧思後身説を持ち出したのであろうが、すでに日本で定着していたはずの飢者達磨説は語らなかったのか、洞山と雲居の問答には登場しない。

結局、瓦屋能光は帰国することなく、彼の地で生涯を終えたのであるが、それでも日本人禅僧第一号になることは、まぎれもないし、中国禅宗の公式記録というべき燈史に足跡を残したことも、おおいに評価されてよい。禅宗は、奈良時代には断片的に伝えられたにすぎないが、平安時代になると本格的な中国人禅僧が渡来し、さらに日本人として中国禅宗の法系に正式に連なる僧が現れる、という流れをたどってみると、日本仏教の歴史は、鎌倉時代が到来するまで禅宗を知らなかったわけではなく、南嶽慧思が聖徳太子に転生し、達磨が日本へ渡来するという説話が、日中を往復しながら形成される過程と重なるようにして、禅宗を受容する素地を作っていったといえるのである。

栄西は禅僧か天台僧か

二度の入宋と禅の受法

日本禅宗初祖

今日、一般に用いられている日本史の教科書においては、建仁寺《けんにんじ》（京都市東山区《ひがしやま》）の開山である明庵栄西《みんなんえいさい》《みょうあんようさい》が、いわゆる「日本禅宗《ぜんしゅう》の初祖」として名を挙げられている。達磨《だるま》が日本に渡来したという伝説や、それに関連して聖《しょう》徳太子《とくたいし》の転生《てんしょう》説話があることなどは、あたりまえといえばあたりまえだが、一行も触れられていない。また、断片的ではあるにしても、奈良・平安期に禅宗を伝えた僧がいたことについても、言及されてはいない。このような傾向は、なにも教科書に限ったことではない。教科書裁判で知られる家永三郎氏は、その著書において、日本の禅宗の歴史は鎌倉期の宋朝禅《そうちょうぜん》の伝来によって始まるのであって、それまでの日本仏教とは直接の関係を持たないと述べられた。栄西を「日本禅宗の初祖」とすることが不当か否かは、しばらく措くとして、ほんとうに栄西が伝えた禅宗は、それ以前の、天台《てんだい》宗・真言《しんごん》宗などの平安《へいあん》仏教や南都《なんと》仏教とは無関係なのだろうか。言い換えれば、栄西はすべてを捨て去って宋朝禅を受法したのだろうか。

『元亨釈書《げんこうしゃくしょ》』第二巻に立伝された栄西伝（『大日本仏教全書』一〇一、一五四ページ）によれば、栄西の行実《ぎょうじつ》のなかで特筆すべきことは、保延《ほえん》七年（一一四一）四月二十日誕生し、建保《けんぽう》三年（一二一五）『吾妻鏡《あずまかがみ》』では六月五日鎌倉で、『元亨釈書』では七月五日京で示寂《じじゃく》するまでの七十五年間の生涯に、仁安《にんあん》三年（一一六八）と文治《ぶんじ》三年（一一八七）から建久《けんきゅう》二年（一一九一）までの二度にわたって入宋《にっそう》したことである。二度目の在宋中、臨済《りんざい》宗黄龍《おうりゅう》派《は》の虚菴《きあん》懐敞《えしょう》から宋朝禅を受法して帰国したことにより、「日本禅宗の初祖」とい

図９　栄西像（寿福寺所蔵）

う輝かしい地位を与えられるとともに、法然房源空《ほうねんぼうげんくう》と並んで、道元《どうげん》・親鸞《しんらん》・日蓮《にちれん》・一遍《いっぺん》などによって展開された鎌倉仏教の、先駆としての評価をも得ている。しかしながら、その禅が密教《みっきょう》との兼修《けんしゅう》的なものであること、天台座主《てんだいざす》慈円《じえん》から非難された大師号《だいしごう》の自薦、鎌倉幕府との密着といった側面は、いまだ純粋禅ではなく、権力志向が強いというイメージを抱かせるものでもあり、栄西の人物や禅思想に対する評価ないし理解は、必ずしも一定していなかったといえる。十八歳で初めて虚空蔵求聞持法《こくうぞうぐもんじほう》（記憶力を増進する密教の秘法）を受けて以来、密教の研鑽を重ねた栄西は、第二回入宋を境として禅宗を掲げるのであるが、道元や中国人渡来僧が伝えた純粋禅と違い、兼修禅とみなされるその禅風も、昨今の研究においては、周囲の状勢に余儀なくされたのではなく、栄西独自の禅風が顕れたものとして理解されるようになってきた。天台密教（台密《たいみつ》）を専一に学んだ栄西が、宋朝禅の受容を通じてどのような仏教をめざし、どのような禅思想を形成したのかは、あらためて検討されなければならない。さらに、栄西以後、今日まで命脈を保ってきた日本の禅宗教団と、栄西の禅思想がどのような関係にあるのかも、慎重な検討を要する問題である。

台密僧栄西の禅受法

栄西が、出家してから密教を専一に学んだことは、明らかである。『渓嵐《けいらん》拾葉集《じゅうようしゅう》』四十六（『大正蔵経』七六、六五七ページ中）には、署名を欠くものの年記によって明らかに栄西のものと思われる一文が収められており、「小僧某、生年十八にして始めて秘教の門に入りてより、三十七歳に至るまで、あえて倦情なし」と述べているが、年記の安元《あんげん》三年（一一七七）には栄西はまさしく三十七歳であり、『元亨釈書』には、十八歳のときに法兄千命《せんみょう》から虚空蔵求聞持法を受けたとある（『大日本仏教全書』一〇一、一五五ページ）。さらに栄西が著した『菩提心論口決《ぼだいしんろんくけつ》』の、高野山《こうやさん》明王院《みょうおういん》本の文応《ぶんおう》元年（一二六〇）の奥書にも、真言は穴太《あのう》流を修し、多くの師のなかで習《しゅう》禅房喜好《ぜんぼうきこう》（基好）を正師としたことが記されている（『大正蔵経』七〇、三二ページ上）。

禅宗を標榜した栄西の主著とされる『興禅護国論《こうぜんごこくろん》』（宗派血脈門《しゅうはけちみゃくもん》第五）には、仁安《にんあん》三年（一一六八）第一回入宋のときの、博多での李徳昭《りとくしょう》との出会い、広慧寺知客《こうえじしか》（禅院の接客係）禅師との問答を挙げて、すでに禅への志向があったことを示している（『大正蔵経』八〇、一〇ページ上）。ところが、帰国後から第二回入宋までの期間は、栄西がもっとも熱心に台密の著作に没頭した時期なのである。まちがいなく、この時期の栄西は純然たる台密僧であったと思われる。それが、第二回入宋から帰国して以後、入寂《にゅうじゃく》までに著した撰述からは、『喫茶養生記《きっさようじょうき》』を例外として、密教色が姿を消してしまうのである。しかしながら、記録に残された栄西の具体的な行動には、密教僧としてのものが多く、その代表的な記録が『吾妻鏡』の伝える、鎌倉において幕府から要請された密教修法《しゅほう》である（国史大系本第二冊には八回の記録がある）。また、『東福寺栗棘庵《とうふくじりつきょくあん》文書』所収「聖一国師密授阿忍流《しょういっこくしみつじゅあにんる》記《き》」には、栄西が建久《けんきゅう》三年（一一九二）正月二十九日に筑前香椎報恩寺《ちくぜんかしいほうおんじ》において、かつて顕意《けんい》から授けられた金胎《こんたい》（金剛界・胎蔵界）および雑密《ぞうみつ》の三部秘法《さんぶひほう》を行じたと記されている（白石虎月編『東福寺誌』一七ページ）。さらに多賀宗隼《たがむねはや》氏は、建久九年（一一九八）正月十一日付で基好が栄西に胎金両部《たいこんりょうぶ》最深の秘密法を授けたことを示す記録が、叡山南渓蔵《えいざんなんけいぞう》に蔵されていることを紹介されている（人物叢書『栄西』二七九ページ）。この記録によれば、栄西は建久九年、つまり『興禅護国論』撰述と相前後して、密教のもっとも重要な秘法を受けていたことになり、明らかに禅と併せて密教を修していたと考えられる。先に挙げた『菩提心論口決』の奥書にも、第二回入宋から帰国した栄西に基好が最至極の印信《いんじん》を伝え、栄西は随喜して穴太流を流伝した、と記されている（『大正蔵経』七〇、三二ページ上）。

『菩提心論口決』の奥書でもう一つ注目すべき記事は、

大唐において師を諸方に尋ぬるに、その人有ることなし。ただ、興るところは禅宗のみなり。すなわち禅門を伝う。また唐の禅師、秘教の義理を栄西に問う。問いに随いてこれに答うるに、禅師随喜して、灌頂《かんじょう》を受くべしと、云々。すなわち栄西、灌頂式を製して唐禅師に授くと、云々

（『大正蔵経』七〇、三二ページ上）

というものである。師として仰ぐべき人物に巡り逢えず、禅宗だけが盛んであったので、禅を学んだこと、虚菴懐敞が密教の義理を問い、栄西の答えを聞いて随喜し、灌頂を受けたいと希望したとある。灌頂とは、密教で法を伝える重要な儀礼であり、栄西はその方法を書き与えたとあるから、立場としては栄西が師であり、虚菴は弟子の礼を執っていることになる。一方で、これとは立場を逆にする記述が『元亨釈書』にある。すなわち、

菴（虚菴）問うて曰く、伝え聞く、日本には密教甚だ盛んなりと。端倪《たんげい》の宗趣、一句いかん。対《こた》えて曰く、初めて発心《ほっしん》するとき、すなわち正覚《しょうがく》を成ず、生死を動ぜずして涅槃《ねはん》に至る、と。菴、慰誘して曰く、子《なんじ》の言のごとくならば、我が宗と一般なり、と。西（栄西）これより心を尽くして鑽仰す

（『大日本仏教全書』一〇一、一五五ページ）

というもので、栄西が虚菴の密教に関する問いに答えると、虚菴は密教と禅宗の旨は一つであると教え、以後、栄西は心を尽して禅を学んだということになっている。『元亨釈書』では、やはり虚菴が師の立場である。二つの記事において、禅と密教の立場が逆であることは措《お》くとして、禅の受法の場に密教が関わっていたという点は、その後の栄西の思想を示唆するものとして、きわめて興味深い。第二回入宋を目前にして、栄西の台密はほぼ完成していたといってよく、二度目の入宋の最終目的が入竺《にゅうじく》（インドへ行くこと）であったことは、栄西自身が『興禅護国論』のなかで明言している（『大正蔵経』八〇、一〇ページ中）。実際、入竺が許可されなかったとき、栄西はいったん帰国の途についたことを、『元亨釈書』は伝えている（『大日本仏教全書』一〇一、一五五ページ）。たまたま暴風によって吹き戻され、思い直して再訪した天台山《てんだいさん》で虚菴懐敞に参じたのは、ほとんど邂逅《かいこう》といってもも過言ではない出会いだったのである。その虚菴が説く禅を、なんの抵抗もないかのように受け入れるためには、やはり虚菴が栄西の素地である台密教学を認めてやるか、少なくとも両者の間でなんらかの調整を必要としたのではないだろうか。

兼修禅

虚菴懐敞と栄西の、密教の解釈を巡る関係において、いずれが師の立場をとったかは明らかではないが、のちに兼修禅と評される栄西の禅風は、虚庵からの受法の時点で、すでにその方向性を持っていたことになる。言い換えれば、栄西は若年より研鑚した台密を捨てて禅宗に趨《はし》ったのではなく、台密という基盤の上に禅を受法し、いわば「密禅併修《みつぜんへいしゅう》」という独自の禅風を掲げたと考えられるのである。その他、高野山金剛三昧院《こうやさんこんごうざんまいいん》との関係や、前に述べた『吾妻鏡』の、鎌倉幕府の依頼で行った密教修法の記録、晩年の撰述である『喫茶養生記』が密教思想に基づいていることなど、禅宗を唱えた後の栄西が、なお密教と深く関わりあっていたと考えるべき根拠は、枚挙にいとまがない。しかしながら以上は、あくまで傍証史料に残された記事であり、栄西自らが筆を執り、その禅と密教の関係を積極的に論ずるという作業を残していないとすれば、後世において、その兼修禅は叡山の論難に対する妥協であるとか、鎌倉幕府の御用祈禱師であったといった、不当な評価を受けることも、あるいはやむを得ないかも知れない。栄西の主著というべき『興禅護国論』が、叡山からの論難に対する反駁《はんばく》のためという必要上、禅と天台教学との関係に論点を置いており、そこから直接に密禅の関係を知ることは困難である。

ここで、古来から栄西の作とされている『真禅融心義《しんぜんゆうしんぎ》』に注目してみたい。同書はその識語《しきご》（撰述の由来や撰者についての解説）によって偽撰説を抱える、問題の多い史料ではあるが、かりに偽撰であるとしても、栄西に仮託される以上は、多少なりとも栄西自身の思想を反映しているのではないかと思われる。そこで、書誌的な点検を踏まえながら、簡単に内容を整理し、『真禅融心義』から栄西の禅思想を窺い得るかどうかを考えてみたい。

『真禅融心義』に説かれる密禅併修

『真禅融心義』偽撰説の有力な根拠は、巻末の識語の、弘長《こうちょう》三年（一二六三）の年記である。この年は、栄西が示寂した建保三年（一二一五）の四十八年後であり、『日本禅林撰述書目』は栄西の撰述十部に含めながらも「けだし祖師の門徒の作なり」としている（『大日本仏教全書』一、三二五ページ）。大屋徳城《おおやとくじょう》氏もそれを承けて、「恐らく金剛三昧院の学徒の撰なるべきか」との見解を示されている（『日本仏教史の研究』巻三、三九三ページ）。柳田聖山氏は『中世禅家の思想』（岩波書店・日本思想大系）の解説で、「明らかに栄西門流の筆」と述べられている（四八二ページ）。しかし上杉文秀『日本天台史』・渋谷亮泰『昭和現存天台書籍綜合目録』・『仏書解説大辞典』などには、撰者栄西として収められ、『国書総目録』では「栄西述・門人編」とされている。獅子王円信《ししおうえんしん》氏は「台密葉上流祖栄

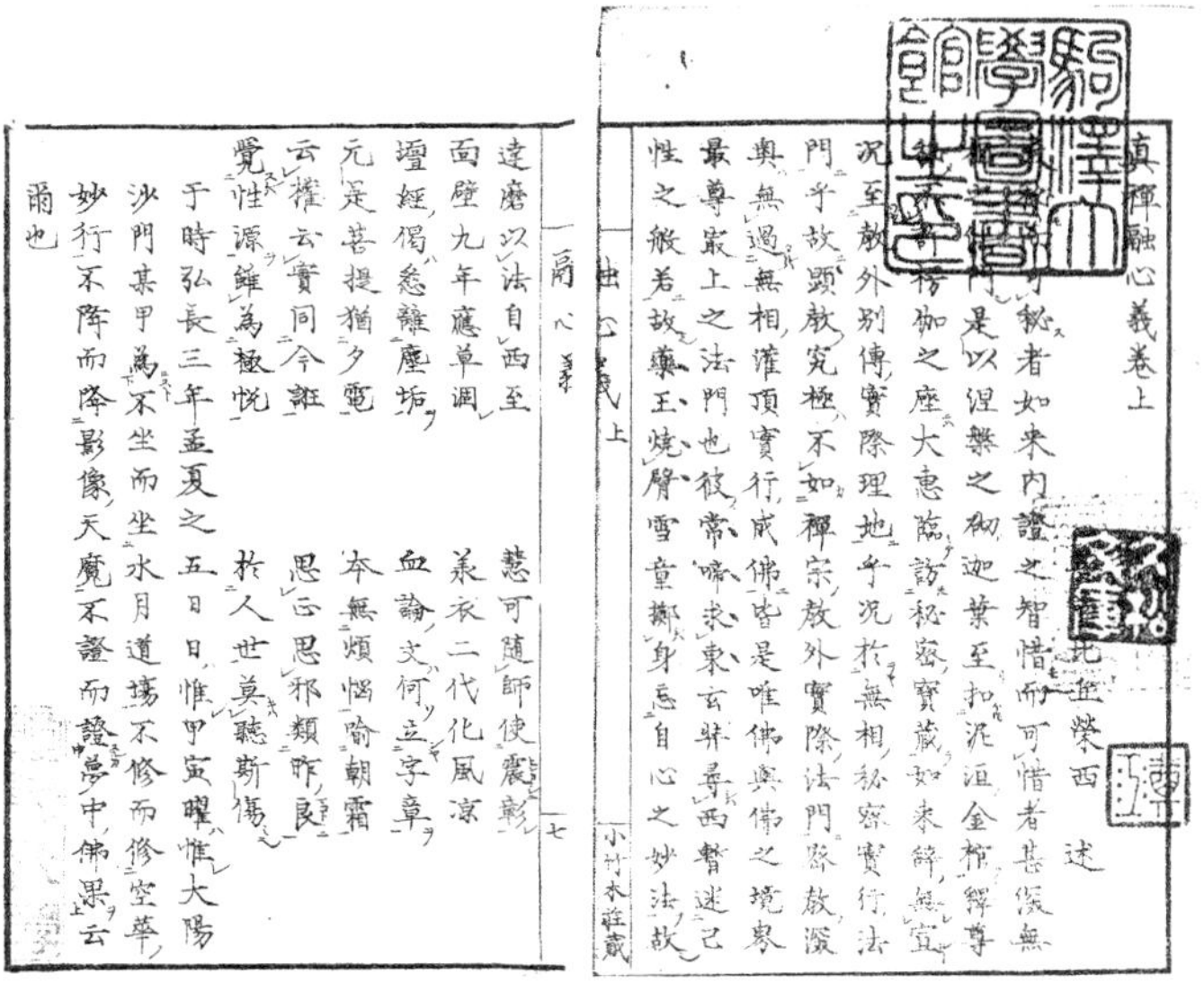

図10　『真禅融心義』　右：巻首，左：巻末（駒澤大学図書館所蔵）

西の禅密観」（『日本佛教学会年報』四〇号、一九〇ページ）で、栄西の事績に照らして真撰と確信すると述べられ、古田《ふるた》紹欽《しょうきん》氏も「栄西の思想に見る真禅融心への傾向」（『古田紹欽著作集』二、一七〇ページ）のなかで、「思想内容からして建久九年に撰述されたであろう興禅護国論三巻以後のものと考えられる」と、真撰説を示されている。以上のように、両説対立したまま、現在まで、決定的な結論をみるには至っていない。

『真禅融心義』の写本

『天台《てんだい》霞《か》標《ひょう》』三之四（『大日本仏教全書』一二五）には『真禅融

心義序』が収められているが、全文は活字化されていない。刊本としては、安政《あんせい》三年（一八五六）比叡山日増院円竜によるものが、駒澤大学図書館に所蔵されている。巻首に「菩薩比丘栄西述」と明記され、円竜自身の刊記にも「葉上和尚の所述なり」と記されている。しかしこの刊本は脱落などの誤りが多く、その底本となった写本は、かなり誤りの多いものであったと思われる。『仏書解説大辞典』に紹介されている大谷大学図書館所蔵の写本は、奥書を確認したところ、明治四十年（一九〇七）五月、京都高台寺《こうだいじ》所蔵本より転写されたものであるが、高台寺所蔵本の行方は不明である。写本としては新しいが、刊本に較べて誤写が少なく、比較的善本といえる。ただ、下巻における『血脈論《けちみゃくろん》』の引用が『血脈論』本文と違っている点、『十不二門指要抄《じゅうふにもんしようしょう》』の引用で、頭註によって訂正されているものの、書名を誤って「大明録《だいみんろく》」としている点、さらに大谷本には、どこにも撰者の名が記されていないことが注目される。古田紹欽氏は、元和《げんな》八年（一六二二）の奥書を有する写本を所蔵されている。天海僧正手沢《てんかいそうじょうしゅたく》本を、武州「新築教寺《しんちくきょうじ》」で書写したと記されており、本文は大谷本にほぼ等しいものの、多少の異同があり、『血脈論』は正しく引用されている。渋谷亮泰編『昭和現存天台書籍綜合目録』には西教寺《さいきょうじ》所蔵の写本が記録されているが、残念ながら正教蔵本は上巻が散逸しており、下巻のみで一冊の体裁をとっている。奥書によれば、延徳《えんとく》四年（一四九二）四月八日明王院舜応《しゅんのう》法印手沢本を、摂州《せっしゅう》六甲山《ろっこうざん》鷲林寺《しゅうりんじ》で書写したとなっている。鷲林寺は、天正七年（一五七九）織田信長《おだのぶなが》の放火により焼失しているが、その後再建され現存している。本文は古田本にほぼ等しい。撰者栄西と記されており、一応本文と同筆と思われるが、あるいはのちの加筆かも知れない。

現在までに確認した写本は右の三本であるが、さらに、『国書総目録』によれば建仁寺大中院本・積翠軒文庫《せきすいけんぶんこ》本があり、柳田聖山氏が『中世禅家の思想』に建仁寺両足院《りょうそくいん》本の存在を紹介されている。とくに両足院本は、釈円房栄朝《しゃくえんぼうえいちょう》派下、龍山徳見《りゅうざんとっけん》末流の利峰東鋭《りほうとうえい》が、元和八年東武の古刹《こさつ》で写したものということであり、古田本と書写年を等しくする点で興味深い。また、未調査ではあるが、あるいは高野山金剛三昧院などにも、所蔵されている可能性がないとはいえない。今のところ真偽撰問題の決め手は見出せず、問題の識語はどの写本にも例外なく付されている。諸本の伝写系統の検討、正教蔵本の撰者名がのちに加筆されたことの意味、内容構成ないし引用経論の他書との比較など、考察の余地はけっして少なくないが、弘長三年の識語が存在する以上、『真禅融心義』を栄西の真撰と断定することはできない。

そこで内容を概観してみると、その冒頭に、

> 顕教《けんぎょう》の究極は、禅宗の教外実際法門に如《し》かず、密教深奥は、無相《むそう》の灌頂実行《じつぎょう》成仏《じょうぶつ》に過ぐるなし
>
> （駒澤大学図書館本、以下同）

と述べている。密教が容易にうかがい知れない奥深い教えであるのに対し、顕教は衆生《しゅじょう》を済度するために説かれた、よりわかりやすい教えをいうが、禅宗の教外別伝《きょうげべつでん》の教えは顕教の究極に勝っており、密教の奥旨は実体とか形態を超越した、教えの実践そのものだとしているのである。また、

> よって、密教は有相《うそう》無相に付して、すなわち四種の門を分別し、禅教は教内教外によりて、また四門の義を分別し、録して上下二巻を造り、ついに真禅の一味なることを書するのみ

と、撰述の意図を示し、上巻で密教を有相と無相、すなわち形態実体の有無にかけて四門に分別し、密教の究極の教えは無相無相門、つまり『大日経疏《だいにちきょうしょ》』に説かれる「阿字無相成仏」の義であり、これは等覚十地《とうがくじっち》という最高の境地に到達した菩薩も、容易に理解できない法門であると述べている。さらに有相・無相二門にさまざまな概念を配し、有相を浅義、無相を深義とするが、これは一往の義であり、ともに真言の大事であるから不二であ

ると説いている。次に下巻においては、禅宗を密教に準じて仏事・実際、すなわち理論と実践にかけて四門に分け、その正意は教外別伝の実践そのものをいうが、本来的には煩悩《ぼんのう》も菩提《ぼだい》も、生死《しょうじ》も涅槃《ねはん》も、衆生も諸仏もないのだから、やはり仏事・実際の二門も不二であると述べている。

最後に真禅の一味、つまり真言と禅がひとつであることに論及し、

それ密宗の極理と禅宗極理は、大いに以て通用の義あり。所以《ゆえ》はいかん。密宗実行門の中、有相の三密を談ぜずと雖も、しかも三密の義理を忘るることなし。禅宗実際門の中、仏事の一塵を受けずと雖も、しかも一心の法門を捨つることなし。故にその言は大師の云われるがごとく、三密の金剛を振るうは密蔵の奥旨なり、一心の利刀を翫《もてあそ》ぶは顕教の極理なりと、云云。是を以て、密宗の実行法門と禅宗の実際理地と、その意、遥かに以て通ずるものか

と述べている。つまり、有相と無相も、実際と理地も不二であって、究極のところ顕教と密教も不二なのだから、密教の法門と禅の教えはひとつである、とするのである。

さらに、顕密の比較、禅宗と法相・三論・天台・華厳などの諸宗との比較を論じ、密教は顕教に勝り、禅宗は（顕教の）諸宗を超えると判じている。最後に、教えを説く教主と

説かれる教えにかけて、顕教と密教とではいずれにおいても勝劣浅深があり、禅宗と諸教（顕教）では、教主に勝劣はないが説かれる教えに浅深があると述べている。これは、密教が顕教に勝るという表現の延長線上に、密教が禅宗に勝ることを示唆していると思われる。つまり『真禅融心義』は真禅の一味を説くとしながら、結論的に示した教えのランク付けは、第一真言密教・第二禅宗・第三禅宗を除く顕教であったということになる。

以上のごとく、『真禅融心義』の概要を眺めたが、この内容を以て栄西の「密禅併修」を説くものと見る場合、大きな問題となるのは、他の撰述、とりわけ『興禅護論』の所説とどう関連するのか、ということである。

『興禅護国論』の所説と密禅併修

『興護護国論』は、叡山からの論難に答えるという撰述の事情もあり、禅を天台教学と切り離すことなく、しかもその優位なることを説いているが、「大綱勧参門《たいこうかんさんもん》第七」に栄西はその仏教観を示し、約教分《やくきょうぶん》（知識分別による悟り）・約禅分（坐禅の実践による悟り）・約総相分《そうそう》（すべてを超越した悟り）の三を立てている（『大正蔵経』八〇、一一ページ中）。第一約教分は諸教諸宗であり、機根《きこん》の劣った人が禅の奥深い教えを学し、修行するための方便《ほうべん》であるとし、第二約禅分は、文字にこだわらず、知識分別に束縛されない禅であり、最上利根の人のために説かれるとしている。さらに第三約総相分は、諸教とか禅とか、菩提とか涅槃などの、文字表現を越えたところのものであると述べている。つまり禅は諸教に勝るが、その教禅を超越した段階に約総相分というものを設定しているわけである。

また「宗派血脈門第五」で、第一回入宋からの帰国後、叡山の禅の伝統に触れて、

すなわち秋に及んで帰朝す。安然《あんねん》の教時諍論を看《み》て、九宗の名字を知り、また智証《ちしょう》の教相同異を閲して、山門相承巨細を知る。また次いで伝教大師《でんぎょうだいし》の仏法相承譜を見て、我が山に稟承《ひんしょう》あるを知る。畜念罷《や》まず、二十年を経たり

（『大正蔵経』八〇、一〇ページ中）

と述べているが、その畜念罷まざる二十年間とは、生涯でもっとも熱心に密教を研鑽《けんさん》した時期であり、その間の撰述もすべて台密関係のものである。栄西が『教時義勘文《きょうじぎかんもん》』を著すなど、台密の大成者である五大院安然に格別の敬意を寄せていたことも考え併せると、叡山に禅の伝統があったことに驚く以上に、安然が『教時諍論』に述べている九宗の教判、すなわち第一真言宗・第二仏心宗（禅宗）・第三法華宗というランク付けによって、出家以来研鑽を続けた密教への信仰に、より大きな力付けを得たと理解すべきだと思われる。

「世人決疑門第三」においては、「禅宗は諸教極理、仏法総府なり」（『大正蔵経』八〇、五

ページ下）という表現を用いるが、これと『真禅融心義』の「顕教の究極は、禅宗教外実際法門に如かず」という記述を較べるとき、『興禅護国論』の天台教学に基づく禅宗の標《ひょう》榜《ぼう》の奥に、さらに密教の裏付けがあると考えることも可能ではないかと思われる。

以上やや消極的ではあるものの、『興禅護国論』の所説にも『真禅融心義』の、第一密教・第二禅宗・第三顕教という教判が現れている、ともいえるのである。ただ、その撰述の現実的目的によって、密教は表に出ることなく、禅宗が顕教に対して優位であることだけを取り出して、天台教学で用いる典籍を主たる典拠として説いた、とみることができると思われる。結局のところ栄西は、虚菴懐敞から臨済禅を受けて帰国し、表面的には禅宗を標榜したものの、生涯密教を捨てることなく、むしろ密教研鑽の基盤の上に禅を受容した結果、独自の「密禅併修」という宗風を形成したのである。その密禅併修の思想は、『真禅融心義』のなかで、密教と禅に優劣がないとはいわず、故意か偶然かは別として、究極には密教が禅に勝るという考えを漏らしている点にこそ、よく現れているといえるのではないだろうか。

栄西の宗風に密教色が濃かったということは、『渓嵐拾葉集』七十八にある「葉上流の義」、ないし栄西の弟子とされる「見西《けんぜい》の義」にも述べられている（『大正蔵経』七六、七六〇ページ上～七六一ページ上）。とくに「見西の義」に見られる禅宗への理解は、如来禅《にょらい》と祖師禅《そし》、つまり、インド仏教でも説かれてきた禅と、中国で成立するいわゆる禅宗の禅との区別を踏まえており、見西その人については伝記が明らかではないが、そのいう見解は、栄西の宗風をよく伝えていると思われ興味深い。また金沢《かなざわ》文庫所蔵、熈允手沢本《きいんしゅたく》『悲想伝授抄《ひそうでんじゅしょう》』のうち「阿鑁理智種子事」と題する文中、栄西の禅に関する記述が見られる。「顕教は慮知心の極を以て真如と為す」ことを述べた後、割註して、

達磨宗は理教なり。大日房云く、達磨宗は顕密二宗を超ゆ。是れ心宗《しんしゅう》なり云々。葉上《ようじょう》房僧正《ぼう》栄西云く、真言三密中の意密なり。両義会合す云々。

（『金沢文庫古文書』識語篇二〇二四）

と記されている。この註記を機械的に『真禅融心義』の所説にあてはめると、意密は無相門に配され、禅宗実際門は密教無相門に等しいということになる。それほど単純で短絡的な理解はできないにしても、身《しん》（印を結ぶ）・口《く》（真言を唱える）・意《い》（仏を観想する）の三密中の意密と栄西の禅を相応させていること、しかも栄西自身のことばによるとし、大日《だいにち》房能忍《ぼうのうにん》に関する記事と併記していることなどは、きわめて興味深く、注目に値する史料であると思われる。

このような密教色の濃い禅風という特徴は、栄西の弟子釈円房栄朝《しゃくえんぼうえいちょう》を通じて東福寺の円爾《えんに》に、また退耕行勇《たいこうぎょうゆう》を通じて心地房無本覚心《しんちぼうむほんかくしん》、さらに曹洞宗《そうとうしゅう》の瑩山紹瑾《けいざんじょうきん》に伝わっていくのであるが、その点については章を改めて述べたい。

栄西の立場と周囲の評価

ともあれ栄西が、密教を思想的基盤として、禅を天台教学と切り離すことなく説いたことが明らかとなったが、栄西の思想においてもう一つ重要な点は、戒律の重視ということである。『興禅護国論』では「扶律《ふりつ》の禅法に依り、法をして久住《くじゅう》せしむるの義を明かす」(『大正蔵経』八〇、一二ページ下)と述べ、「浄戒《じょうかい》を以て方便と為す」とか「この宗は戒を以て初と為し、禅を以て究《きわみ》と為す」など、戒律の重視を示す表現を数多く用いているし、また『出家大綱《しゅっけたいこう》』『斎戒勧進文《さいかいかんじんもん》』を撰述して、戒律の護持が仏法の命根《みょうこん》であることを説いている。この戒律重視と、先に述べた、密教を基盤とし天台教学を切り離すことのない禅の標榜を考え併せるとき、つまるところ栄西は、最澄が唱えた円・戒・禅・密の四宗相承《ししゅうそうじょう》という仏法を護持しようとしている、ということがいえるのである。そのことは『興禅護国論』(「世人決疑門《せじんけつぎもん》第三」)に、

栄西、この宗の絶えたるを慨き、しばらく後の五百歳の誡説を憑んで、廃を興し絶を継がんとするなり

と述べ、また「大国説話門第九《だいこくせつわもん》」にも、

これによって、地勢を思い末世を慮り、稚子《ちご》を憐れみ祖道を懐いて、その廃亡を興さんとす

（『大正蔵経』八〇、四ページ上）

と述べていることからも窺える。禅は、もともと最澄が唱えた四宗相承という日本天台宗のなかにあり、それは円珍・安然といった台密大成者にも受け継がれてきたが、平安末期に至って廃絶していたのであり、栄西はそれを再興したいと主張している。『日本仏法中興願文《にほんぶっぽうちゅうこうがんもん》』に「小比丘《しょうびく》の大願《だいがん》は、ただこれ中興の情なり」と述べていることからも、それは明らかである。

『沙石集《しゃせきしゅう》』の撰者無住《むじゅう》は、栄西の行実を評して、

鎮西《ちんぜい》の聖福寺《しょうふくじ》、洛陽《らくよう》の建仁寺《けんにんじ》、関東寿福寺《じゅふくじ》、彼の創草の禅院の始めなり。然れども、国の風儀にそむかずして、戒門《かいもん》・天台・真言なんどかねて、一向の唐様を行ぜられず。時を待つ故にや。深き心あるべし

（日本古典文学大系本四五三ページ）

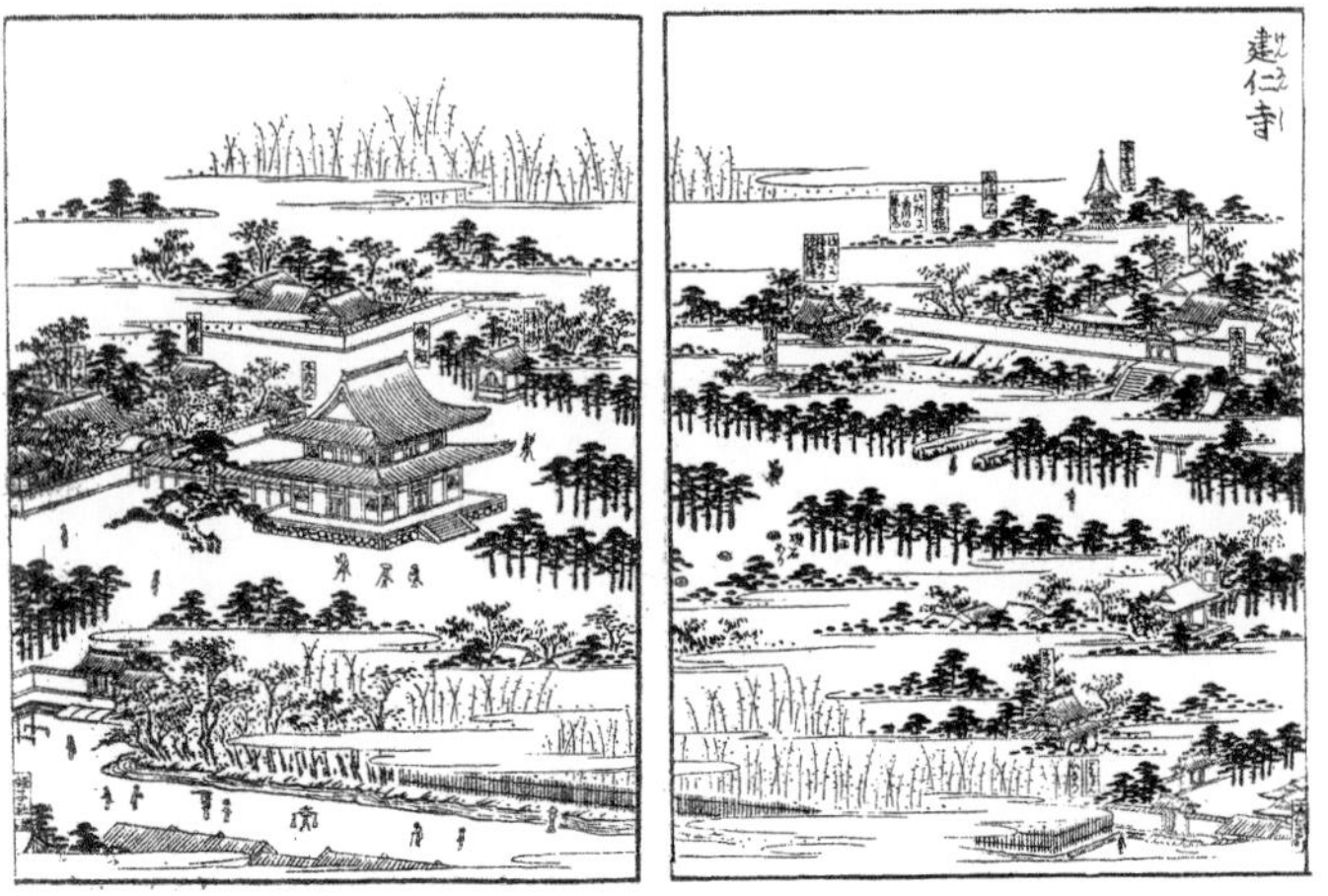

図11　建仁寺の伽藍　『都名所図会』より。

と述べており、栄西が建仁寺に止観院《しかんいん》と真言《しんごん》院《いん》を併設していたのは、叡山からの非難を避けるためであり、ほんとうは唐様《からよう》、つまり純中国式の禅院にしたかったのだという理解を示している。しかし、右に見てきたような栄西の、「密禅併修」という独自の禅風を前提とするならば、一向に唐様を行じなかったのは、時を待っていたというよりは、禅院に戒門・天台・真言を兼ねていることの方に深き心、すなわち伝統的叡山教学の復興という意図があったと理解すべきであろう。むろん、最澄は法華円教《ほっけえんぎょう》を四宗の中心とし、栄西は禅を表としながら、あくまで密教を中心とするという点で、両者の思想にある程度の隔たりが存することはいうまでもない。

純然たる台密の徒であったといえる栄西が、独自の「密禅併修」を思想の中枢として、円・戒・禅・密の四宗に立脚する禅を宣揚するに至ったことは、天台山万年寺《まんねんじ》における虚菴懐敞《きあんえしょう》との邂逅《かいこう》を抜きにして論ずることは不可能である。また厳正な戒律観も、叡山における破戒僧の横行に起因するとしても、宋朝の禅林に身を置き、その厳しい持戒持律の生活を知らなければ生まれ得なかったであろう。しかし、二度目の入宋の第一目的が入竺《にゅうじく》することであり、却下されたものの実際に入竺のための手続きまでしている栄西が、虚菴に巡り会ったということは、まったくの偶然といっても過言ではない。天台山へ向かったということも、入竺を断念して帰国の途に就いたところが、たまたま暴風に吹き戻されたために、途方にくれて前回の訪問地に足を向けた、といったところが実情であったかも知れない。そんな栄西が宋朝禅を受容するためには、『菩提心論口決《ぼだいしんろんくけつ》』の奥書や『元亨釈書』の記述から推察し得るように、密教をまったく無視して禅の受法が行われたのではなく、虚菴懐敞が栄西の台密をそのまま認めてやることによって、栄西もほとんど抵抗なく禅を受け容れることができたのだと思われる。そして宋朝禅の受容を通じて、四宗相承という本来の叡山教学の復興をめざし、形としては台密の色彩を濃厚に残しながらも、新しい方法論としての宋朝禅を前面に掲げたのであろう。その

復古と先駆け

ことが、『興禅護国論』で「別立一宗」(『大正蔵経』八〇、五ページ下)といい、また『未《み》来記《らいき》』では、自らの滅後五十年の禅宗ないし臨済宗の興隆を予言した(『大正蔵経』八〇、一七ページ中)理由であると思われる。栄西の仏教は、一種の復古思想に基づくといえる。したがって、彼の法孫ともいえる道元の思想とも、あるいはまた、鎌倉期に南宋より渡来した蘭渓道隆《らんけいどうりゅう》や無学祖元《むがくそげん》などの中国人禅僧の思想とも、当然のことながら一線を画して考えるべきである。しかし、その「仏法の総府」としての禅の選択が、道元の、禅を「正伝の仏法」とする立場を啓発したことは確かであり、そうであればこそ、栄西が鎌倉期の仏教革新運動の先駆として評価されるのである。

栄西を脅かすライバルたち

叡山仏教と禅への関心

平安期の叡山仏教

日本天台宗《てんだいしゅう》は、開祖最澄《さいちょう》が入唐求法《にっとうぐほう》したさいに、天台本来の教えである法華円教《ほっけえんぎょう》と大乗菩薩戒《だいじょうぼさつかい》以外に、禅宗《ぜんしゅう》の傍系である牛頭宗《ごずしゅう》を学び、さらに帰国間際に真言密教《しんごんみっきょう》をも修めたため、結果として円・戒・禅・密の「四《し》宗相承《しゅうそうじょう》」という独自の仏法を形成した。とりわけ密教については、最澄自身に強い関心はなかったと思われるが、当時の中国で盛んだったこと、日本の貴族社会においても関心が高まっていたため、予定外に受法したのである。もちろん日本の真言宗は、のちに帰国した空海《くうかい》によって大成されたのであるが、空海の帰国以前に最澄は高雄山寺《たかおさんじ》で密教儀礼を行ってしまったため、日本天台宗の教学から密教をはずせなくなってしまったのだと考えられる。自らが学んだ密教が、ある意味で完成度の低い雑密《ぞうみつ》で、空海が将来する密教こそが純粋密教であることを知っていた最澄は、空海から密教を学ぶことで、天台宗内に取り込んだ密教を完成させようとしたが、弟子泰範《たいはん》の離反などもあって、結局は袂《たもと》を分かつことになってしまい、天台密教すなわち台密《たいみつ》の完成は、円仁《えんにん》・円珍《えんちん》や五大院安然《ごだいいんあんねん》（八四一―？）の手に委ねられたのである。

本覚思想

右のような事情の中で台密研究はおおいに栄え、精緻を極めることになったが、その一方で、本来の教学を説く『天台三大部《てんだいさんだいぶ》』（摩訶止観《まかしかん》・法華玄義《ほっけげんぎ》・法華文句《ほっけもんぐ》）は、密教に対する「顕教《けんぎょう》」として低く見られ、あまり顧みられなかったといえる。このような密教偏重を背景として、平安時代末期になると、本覚思想《ほんがくしそう》（本覚法門）と呼ばれる仏教理解が蔓延した。「本覚」とは、衆生《しゅじょう》が本来持っている悟りの智慧《ちえ》であり、「如来蔵《にょらいぞう》」とか「仏性《ぶっしょう》」とも表現され、中国仏教においても説かれたものである。ところが密教が盛行した叡山《えいざん》仏教においては、衆生と仏、煩悩《ぼんのう》と悟りを不二《ふに》と見る立場から、現実肯定ないし日常肯定という傾向が生じ、ついには修行無用論にまで到達して、結果的には修行の欠落と堕落した寺院生活を誘引してしまった。

おそらくそのような傾向は、叡山の上層にある僧侶の多くが、社会的に権力を持つ貴族

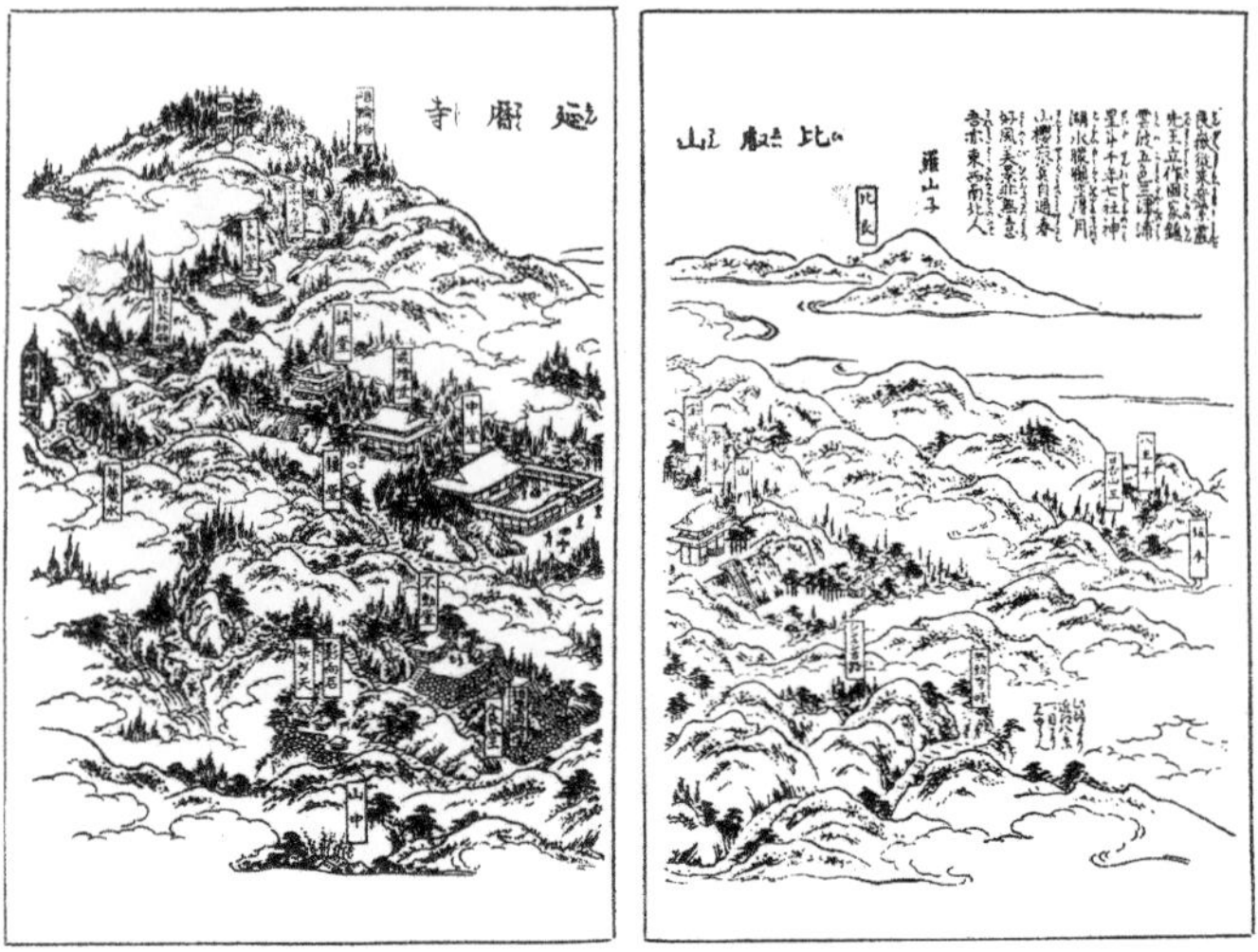

図12　比叡山遠景　『都名所図会』より。

階級の出身であることと、無縁ではないと思われる。日本天台宗のすべてではないにしても、叡山僧の堕落を伝える史料は、枚挙《まいきょ》にいとまがない。鎌倉新仏教といわれる諸宗派の祖師《そし》たちが、叡山において学びながら、それと決別するように巣立っていった背景には、本覚思想が助長した叡山仏教の堕落があったのである。

比叡山と鎌倉新仏教

平安時代の終わりから鎌倉時代にかけて、現在ある程度の規模の教団を維持しており、われわれが日常的に接する仏教各宗派が相次いで成立するが、この時期に成立した宗派を総称して、一般に「鎌倉新仏教」と呼ぶ。大まかにいえば浄土《じょうど》系と禅《ぜん》系に二分されるが、浄土系では法然房源空《ほうねんぼうげんくう》（一一三三—一二一二）が先駆けとなり、禅系では葉上房栄西《ようじょうぼうえいさい》《ようさい》（一一四一—一二一五）が「禅宗初祖」と理解されている。この両者はいずれも叡山において天台教学を修学し、前者は「智慧第一法然房」と称され、後者は「持律《じりつ》第一葉上房」と称された。つまり、それぞれ叡山教学のなかで育ち、確固たる立場と評価を得ていたのである。念仏と禅という新しい教えを選択したのも、じつは叡山教学のなかに埋もれていたものを掘り起こし、新しい方法論として掲げたと見ることができる。

いわゆる浄土思想は、慈覚大師《じかくだいし》円仁が中国から伝えた五会念仏《ごえねんぶつ》に端を発し、中流貴族を中心とする不断念仏が盛行するとともに、天台座主《ざす》である恵心僧都源信《えしんそうずげんしん》が『往生要集《おうじょうようしゅう》』を著すなど、叡山浄土教として発展した。さらに、仏法が「正法《しょうぼう》（正しい教えと悟りがある時代）・像法《ぞうほう》（悟りが完成できない時代）・末法《まっぽう》（悟りが不可能な時代）」と、次第に衰えていくという三時《さんじ》思想が、日本では正法千年・像法千年説が一般的であったため、釈尊入《しゃくそんにゅう》滅《めつ》を紀元前九四九年として、永承《えいしょう》七年（一〇五二）が二千一年目の「入末法《にゅうまっぽう》」に当たるとされ、災害や戦乱の続発とも相俟《あいま》って、末世意識が急速に高まったのである。それに伴って、貴族社会の浄土信仰も盛んとなり、藤原道長《ふじわらのみちなが》は法成寺《ほうじょうじ》に荘厳豪華な阿弥陀堂《あみだどう》を建立し、その子頼通《よりみち》も永承七年に宇治《うじ》の別邸を平等院《びょうどういん》とし、翌年には有名な鳳凰堂《ほうおうどう》を建立した。そのような経緯のなかで法然《ほうねん》が登場し、叡山に所属する天台僧でありながら「専修《せんじゅ》念仏《ねんぶつ》」を主張したことで、叡山の迫害を受けたが、後世からは浄土宗祖と仰がれることになる。

比叡山と禅

禅についていては、唐《とう》朝の滅亡で中国禅宗が衰え、最澄が入唐求法して相承した四宗（四宗相承）のなかに含まれる禅も、念仏ほどに注目はされなかったようであるが、北宋《ほくそう》代に入って、中国禅宗が臨済宗《りんざいしゅう》を中心として再び盛んになると、叡山内部でも禅宗に対する関心が高まったようである。そのことは、栄西と同時期の叡山の学僧であり、『天台三大部私記』を著した宝地房証真《ほっちぼうしょうしん》（生没年不詳）が、その撰述『天台真言二宗同異章《にしゅうどういしょう》』のなかで、「達磨宗《だるましゅう》」という表現で禅宗に触れ、最近の中国では達磨宗が盛んであると述べている（『大正蔵経』七四、四二一ページ上）ことからも推測できる。

十二世紀の末、鎌倉時代の幕明け直前ともいえる時期に、叡山で学びながら、積極的に禅宗に接近した僧が三人いる。一人はいうまでもなく栄西であり、一般に「日本禅宗の初祖」と理解されていることについても、前章で紹介したが、ある意味で栄西に先行したのが、覚阿《かくあ》（一一四三—？）と大日房能忍《だいにちぼうのうにん》（生没年不詳）である。栄西が後世の禅宗に大きな影響を与えたのに対し、覚阿は早く隠遁《いんとん》してしまい、能忍は『元亨釈書《げんこうしゃくしょ》』の栄西伝において、栄西に論破される役を演じさせられたために、近代の日本仏教史研究ではそれほど高く評価されることなく、両者ともに忘れ去られた感があった。その意味でも、功罪いずれかは別として、今日一般に理解されているような栄西を初祖とする日本禅宗史の骨組みについて、虎関師錬《こかんしれん》の『元亨釈書』が果たした役割は大きいものがある。

燈史に載った唯一の日本人僧、覚阿

覚阿は、『元亨釈書』第六巻（『大日本仏教全書』一〇一、二〇七ページ）に、檀林皇后に招かれて渡来した唐僧義空《ぎくう》（本書二六ページ参照）に続いて立伝されている。叡山で学ぶなかで、商人から宋国で禅が盛んであることを聞き及び、栄西の最初の入宋《にっそう》より遅れて承安《しょうあん》元年（一一七一）に入宋し、禅の公案集《こうあんしゅう》として著名な『碧巌録《へきがんろく》』の撰者である圜悟克勤《えんごこくごん》（一〇六三—一一三五）の弟子、仏海慧遠《ぶつかいえおん》（一一〇三—七六）の法を嗣いだ。はじめ霊隠寺《りんにんじ》（浙江省杭州）で、ことばが通じないので筆談したが、問答の末に打たれてしまい、仏海の説示が理解できないまま金陵《きんりょう》（南京《ナンキン》）へ行って、たまたま長蘆江《ちょうろこう》で太鼓の音を聞いて忽然《こつねん》と悟りが開けた。霊隠寺へもどって、仏海に偈頌《げじゅ》（悟りの内容を述べる短い漢詩文）を示して所見を問うたとこ

ろ、印可《いんか》（師が弟子の悟りを認めること）されたのである。

宋代の禅宗において印可された最初の日本人であることは、十分に評価されてよいが、さらに覚阿について特筆すべきは、中国禅宗の公式記録ともいうべき燈史である『嘉泰普《かたいふ》燈録《とうろく》』（一二〇四年成立）に、その悟りの機縁を示す偈頌が収録されていることである。中国禅宗で印可された日本人僧は、けっして少ない数ではないが、中国の燈史に所悟《しょご》の偈が収められたのは、後にも先にも覚阿一人である。帰国した覚阿は、平家《へいけ》滅亡に際して壇《だん》ノ浦《うら》に沈んだ安徳《あんとく》天皇の父、高倉《たかくら》天皇から禅について下問され、笛を一吹きすることで答えたと伝えられている。禅の説法としては常套《じょうとう》的ともいえる方法であるが、高倉帝がこれを理解できなかったことで、禅を弘めるには時期尚早だと感じ、以後叡山に隠遁して跡を晦《くら》ました。結果として後世に影響を及ぼさなかったため、一般の日本史に名を留めることもなかったのである。しかし、高倉帝が禅について下問したことが史実であるならば、この時期、禅宗に対する関心は単に僧侶の間だけのものではなかったし、覚阿が入宋求法し、中国禅宗を嗣いで帰国したことが、ある程度世に喧伝《けんでん》されていたということになる。

大日房能忍の禅と達磨宗

浄土の法然と禅の大日房能忍

今日、いわゆる日本禅宗《ぜんしゅう》の初祖として確固たる評価を獲得している栄西《えいさい》は、もともと叡山《えいざん》で学んだ台密《たいみつ》（天台密教《てんだいみっきょう》）の学徒であり、しかも台密葉上流《ようさいようじょうりゅう》の開祖であって、いわば天台宗の僧としてそれなりの地位を確立していた。従来は、禅僧としての栄西と台密の修法《しゅほう》を行じる栄西が二重人格的に理解され、ある意味では叡山からの攻撃を回避するために、兼修《けんしゅう》的にならざるをえなかったという評価をされてきたが、最近の栄西研究は、その兼修的宗風《しゅうふう》を積極的なものととらえる傾向にあり、建仁寺《けんにんじ》に真言院《しんごんいん》・止観院《しかんいん》を設置したのも、必ずしも叡山に対するカモフラージュではないという見解が出されている。いわば、鎌倉期の仏教革新運動の先駆として評価される栄西は、若年から研鑽した台密教学の範疇で禅を理解し、結果としては、必然的に「密禅併修《みつぜんへいしゅう》」という禅風になったのである。

以上のような点については前章で確認したが、そうした傾向は栄西一人に限ったことではなく、叡山仏教全体のなかで禅宗に対する関心が高まっており、それが覚阿《かくあ》の入宋《にっそう》と禅宗受法につながったことは、右に述べたとおりである。ともあれ、栄西が「日本禅宗初祖」の称号を冠される一方、その陰に隠れて正当な評価を得ることが少なく、ややもすると忘れられがちな存在が、大日房能忍《だいにちぼうのうにん》（生没年不詳）である。能忍は摂津水田《せっつすいた》（大阪府吹田《すいた》市）の三宝寺《さんぼうじ》（現廃寺）を拠点とし、栄西と同時期に活躍したが、『百錬抄《ひゃくれんしょう》』の建久《けんきゅう》五年（一一九四）七月五日条によれば、栄西とともに禅宗の弘法《ぐほう》を停止《ちょうじ》されている（国史大系本一一、一二五ページ）。また栄西からもほとんどで名指しで批判されるなど、四面楚歌《しめんそか》の感さえある。しかし一方では、日蓮《にちれん》が『開目抄《かいもくしょう》』（『昭和定本日蓮上人遺文』第一巻、六〇七ページ）などの撰述において、禅門の代表として能忍の名を挙げ、浄土《じょうど》門の代表法然と並べて批判していることからみても、当時禅宗を掲げた人物として著名な存在であったと思われる。その意味でも、日蓮が栄西ではなく能忍を挙げたことは非常に興味深い。

流浪の僧団

能忍の評価がいま一つ定まらない原因として、その法を継承した達磨《だるま》宗徒が、のちに道元（一二〇〇―五三）会下《えか》に集団帰投し、日本曹洞宗《そうとうしゅう》に同化してしまったとされていることがある。能忍の弟子覚晏《かくあん》（生没年不詳）は、京都東山《ひがしやま》から多武峰《とうのみね》（奈良県桜井《さくらい》市）に拠点を移し、多武峰が興福寺《こうふくじ》衆徒に焼き討ちされたことで達磨宗徒は四散したといわれる。覚晏の弟子のうち、懐奘《えじょう》（一一九八―一二八〇）は早くから道元《どうげん》に入門し、門下を率いて越前波著寺《えちぜんはじゃくじ》に移った懐鑑《えかん》（生没年不詳）も、興聖寺《こうしょうじ》の道元下に帰投したのである。その後、懐鑑は道元下を去るものの、他の達磨宗徒は残留して永《えい》平寺《へいじ》僧団の中核を形成したが、懐鑑の弟子義《ぎ》介《かい》（一二一九―一三〇九）から、曹洞宗の法を伝える助証として、達磨宗の伝法《でんぼう》の証明書である嗣書《ししょ》を受けた瑩山紹瑾《けいざんじょうきん》（一二六四―一三二五）が、他の相承物とともに永光寺《ようこうじ》（石川県羽咋《はくい》市）五老峰《ごろうほう》に嗣書を埋納したことで達磨宗の法燈は途絶えた、とするのが従来の達磨宗に対する理解である。

図13　瑩山紹瑾（永光寺所蔵）

しかし右のような理解は、能忍が当初拠点とした摂津水田三宝寺の、その後状況についてはまったく触れることがない。あたかも能忍門下の全員が覚晏に率いられて、東山から多武峰へと拠点を移し、さらに覚晏示寂《じじゃく》後は懐鑑に率いられて越前波著寺へと流浪して、いったんは行動を別にした懐奘と興聖寺で合流するが、結果として曹洞宗に吸収されたかのごとくである。ところが、それまで言及されていなかった能忍没後の三宝寺の状況を窺わせる史料が、意外な場所から発見、紹介されたのである。そのことにより、覚晏の系統とは別に、三宝寺を拠点とした達磨宗徒が、能忍以来の宝物を護持しながら、中世中ごろまでは活動していたことが確認された。当然ながら、それに伴って曹洞宗に吸収された波著寺系達磨宗徒に対する理解も、大幅な修正を余儀なくされたのである。もちろん、初期永平寺僧団の構成員の中心メンバーが達磨宗徒であったことが、日本曹洞宗史研究の上で、きわめて重要な課題であることに変わりはない。そのことについては章を改めて述べるが、ただ、従来の達磨宗に対する見方が一面的なものであったということであり、その意味では日本中世仏教史のなかで、改めて正当な位置づけを試みなければならない。

栄西の批判

大日房能忍の行実《ぎょうじつ》については、詳しいことはほとんど不明である。栄西を主役とし、能忍をいわば仇役《かたきやく》に見立てるという図式を決定づけたのは

『元亨釈書《げんこうしゃくしょ》』であり、ここでの師錬《しれん》の態度が、後世の能忍観に大きな影響を与えたといえる。ただし独立して「能忍伝」として立てているのではなく、第二巻「栄西伝」のなかで触れており、その書きぶりは、

初め己酉《つちのととり》の歳、能忍なる者あり。宋国に宗門の盛んなるを聞いて、その徒を遣わして、舶に附して育王《いくおう》の仏照《ぶっしょう》（徳）光禅師《こうぜんじ》に扣問《こうもん》せしむ。照、異域の信種を哀れんで、慰誘《いゆう》することははなはだ切なり。寄するに法衣および賛達磨像を以てす。忍、光の慰寄に託《かこつ》けてみだりに禅宗を唱う。すでに師承《しじょう》に乏しく、また戒検無し。都下これを鄙《いや》しむ。西の心宗を演《の》ぶるにおよんで、搢紳士庶《しんしんししょ》、忍と混じえて擯《ひん》せんとす

（『大日本仏教全書』一〇一、一五六ページ）

という、けっして好意的ではないものである。己酉の歳、すなわち文治《ぶんじ》五年（一一八九）に、宋阿育王山拙庵徳光《あいくおうざんせったんとっこう》（一一二一―一二〇三）の許に遣わした弟子に、拙庵が「法衣および賛達磨像」を与えたのは、「異域の信種を憐れんで慰誘」したからにすぎないとし、さらに栄西と能忍が直接対決して問答したとして、

西また忍と宗義を抗弁して往反数番す。忍、口を杜《ふさ》いで退く

（同書一五七ページ）

図14　阿育王山　筆者撮影

と述べ、栄西が能忍を論破したことによって、それ以後は栄西の禅宗が盛んとなったとしている。師錬《しれん》の能忍に対する批判は、「師承に乏しい（正しい伝法をしていない）」こと、「戒検が無い（戒律を守る姿勢がない）」ことの二つで、そのために能忍は鄙しまれ、栄西が能忍とともに達磨宗停止の宣下《せんげ》を蒙《こうむ》ったのは、いわば巻き添えになったのである、と述べている。この師錬の評価に対し、卍元師蛮《まんげんしばん》（一六二六―一七一〇）は『本朝高僧伝《ほんちょうこうそうでん》』巻十九に能忍を立伝し、

元亨釈書に済北《さいほく》師（師錬）、言を栄西に托してこれを謗《そし》るは、恐くは偏頗《へんぱ》に渉る

（『大日本仏教全書』一〇二、二七五ページ）

と述べて、師錬の批判は多分に偏《かたよ》ったものであることを指摘し、嵯峨《さが》天皇のころに来朝した唐《とう》

僧義空《ぎくう》（本書二六ページ参照）以後、およそ四百年にわたって途絶えていた禅法を復興した能忍の業績は、高く評価されるべきであるとしている。

能忍の評判

能忍に対する評価が分かれることのもっとも大きな原因は、やはり自らが入宋せず、二人の弟子を派遣したことであろう。このとき、拙庵徳光から与えられた達磨像および拙庵自身の頂相《ちんぞう》の賛文《さんぶん》から、その事情を窺うことができる。すなわち達磨像の賛文の署名には、

日本国の忍法師、遠く小師錬中《れんちゅう》・勝弁《しょうべん》を遣わし来り、達磨祖師の遺像を求む
大宋国明州の阿育王山に住する法孫　徳光　稽首《けいしゅ》し敬いて讃す
己酉　淳熙《じゅんき》十六年六月初三日　書す（印）

とあり、頂相の自賛にも、

日本国の忍法師、遠く小師練中・勝弁遣わして、山に到り道を問う、予が幻質を絵いて讃を求む
大宋国の淳熙十六年六月三日　明州阿育王山に住する拙庵徳光　題す（印）

とあって、能忍が遣した弟子練中・勝弁にこの二軸が授けられたのが、宋の淳熙十六年（一一八九）六月三日であることがわかる。神奈川県立金沢《かなざわ》文庫に所蔵される『成等正覚《じょうとうしょうがく》

論《ろん》』は、石井修道氏の詳細な検討（『道元禅の成立史的研究』六二六ページ）によって達磨宗に関係する撰述であることが確認されているが、同書に、

日本国には上宮太子《じょうぐうたいし》世に出て法を崇《うやま》いて後、六百十八年、大宋淳熙十六年己酉、皇朝の文治五年の八月十五日に初て此の法渡れり

（『金沢文庫資料全書』禅籍篇二〇二ページ）

とあるように、二軸を受領したのち、まもなく練中・勝弁は帰途に就いたものと思われ、同年の八月十五日に帰国している。文治五年に二弟子を入宋せしめたことについては、法《ほう》然《ねん》の弟子弁長《べんちょう》の伝記である『聖光上人伝《しょうこうしょうにんでん》』にも、

昔、大日禅師なる者あり。好んで理論を索《もと》め、妙なること祖意に契《かな》う。ついに文治五年夏、使を宋国に遣わして、法を仏照に請す。育王の長老なり。仏照、印可して祖号を賜う。ここに禅師、院奏を経て達磨宗を弘む

（『続群書類従』九上、三三一ページ）

とある。拙庵が印可したとあるように、この事実を知る人は一般に、印可を代受せしめたという印象を抱いていたようである。

能忍が自ら入宋しなかった理由については、年齢的に渡海が困難だったとか、三宝寺に

おける指導者としての立場がそれを阻んだとする説もあるが、能忍自身にとっての主体的な理由は不明である。師と弟子が直接対面して教えを授受する「面授嗣法《めんじゅしほう》」を、禅宗のもっとも重要な手続きとする立場からみる限り、師錬の師承に乏しいという批判は、ある意味では不当なものではないのかも知れないが、能忍もしくは達磨宗を指して批判したもので、師承を欠くという点を指摘しているのは『元亨釈書』だけである。たとえば、会下《えか》に多数の達磨宗徒を抱えることになった道元の場合、彼らに対する批判が『正法眼蔵聞書抄《しょうぼうげんぞうききがきしょう》』（『永平正法眼蔵蒐書大成』一一、三一一・六一五・六六九ページ）に見られるが、内容的には達磨宗の所説を否定したものであって、印可を代受せしめたことについては、まったく触れていない。同様に『聖光上人伝』では能忍が質問に答えられなかったとし、日蓮の『開目抄』などにも能忍に対する非難はあるものの、印可代受を指したものはない。『興禅護国論《こうぜんごこくろん》』「世人決疑門《せじんけつぎもん》第三」（『大正蔵経』八〇、七ページ下）において、強い調子で能忍を批判している栄西でさえ、師承を欠くという表現は用いていない。師錬の批判はそれなりの目的があってのこととしても、能忍が入宋せず、弟子を派遣した意味や目的などについては、別途に慎重な検討が必要であろう。

能忍の禅理解

能忍の禅風といったものが、どのようなものであったかについて、断片的ではあるが窺うことができる。前章六五ページでも紹介した金沢文庫所蔵『悲想伝授抄《ひそうでんじゅしょう》』には、

達磨宗は理教《りきょう》なり。大日房云く、達磨宗は顕密《けんみつ》二宗を超ゆ。是れ心宗《しんしゅう》なり云々。葉上房僧正栄西云く、真言三密中の意密《いみつ》なり。両義会合す云々。

（『金沢文庫古文書』識語篇二〇二四）

と、能忍と栄西の禅風について、おのおののことばを引用する形で述べている。能忍自ら、達磨宗を「心宗」であるといっていることが注目されるが、達磨宗を理教と断じており、真言三密中の意密であるとする栄西と、能忍の言う「心宗」は会合するとしていることから、いずれをも教学の範囲内でとらえていると思われる。禅宗を心宗ととらえる形は、日本天台教学のなかでも、すでに五大院安然《ごだいいんあんねん》が『教時諍論《きょうじじょうろん》』に「仏心宗《ぶっしんしゅう》」という表現で説いており、栄西自身、禅への傾倒の段階で『教時諍論』を閲覧している。

前に紹介した、達磨宗に関係する史料である『成等正覚論』は、その敬白文に、

今この講会に略して三意あり。一はこの法の縁起を演《の》べ、二に自心の即仏なることを談じ、三に所求の即成を明かす。すなわちこれ心宗の初善・中善・後善、序・正・流

通の三段なり

（『金沢文庫資料全書』禅籍篇二〇一ページ）

と述べているように、全体を三段に分けて、第一に達磨の略伝、第二に「自心即仏《じしんそくぶつ》」、第三に「所求即成《しょぐそくじょう》」を説いているが、ここでも「心宗」という表現を用いている。石井修道氏は、第二段の「自心即仏」が内容的に『宗鏡録《すぎょうろく》』の主張と一致すること、また第三段は「日大師《にちだいし》」のことばを含めたかなりの部分が『宗鏡録』からの引用であることを指摘されているが、これらの指摘は、能忍の禅を理解する上できわめて重要である。北宋建隆《けんりゅう》二年（九六一）永明延寿《ようみょうえんじゅ》が撰述した『宗鏡録』は、教禅一致を説くことで知られており、寛治《かんじ》八年（一〇九四）永超《えいちょう》の『東域伝燈目録《とういきでんとうもくろく》』に挙げられていることからわかるように、日本へも比較的早く伝来していたようである。平安末期から鎌倉初期にかけての叡山において、禅に対する関心が非常に高まったことは前に述べたが、いわばそのテキストとなったのが『宗鏡録』であったと思われる。能忍が『宗鏡録』を重視したであろうことは、『聖光上人伝』の、

上人、彼の禅室に到り、法門を難問す。不断惑の成仏（宗門の意）。宗鏡録の三章（標章《ひょうしょう》・問答・引証《いんじょう》）。天台宗の三諦《さんだい》（空《くう》・仮《け》・中《ちゅう》）。達磨宗の五宗（潙仰《いぎょう》宗・臨済《りんざい》

宗・法眼《ほうげん》宗・雲門《うんもん》宗・曹洞宗）。禅師、口を閉じ舌を結んで、答えずして讃じて曰く、汝はこれ文殊師利菩薩、我を訓じんがために来るか云々。禅師が門資《もんし》（心蓮得業《しんれんとくごう》・三《さん》位闍梨《みじゃり》）、皆赧然《たんぜん》として輔《たす》けざるなり

（『続群書類従』九上、三二一ページ）

というやりとりからも窺える。形としては能忍が弁長の問いに答えられなかったとしているが、「天台宗の三諦」や「達磨宗の五宗」と同様に、『宗鏡録』についても、少なくとも他人からの質問を受け得る程度には、知識があったとみるべきであろう。

能忍と密教

栄西は台密学匠として葉上流の祖となっているが、能忍も、たとえば上野《こうずけ》世良田《せらた》（群馬県）長楽寺《ちょうらくじ》真言院了義《りょうぎ》が台密の口伝《くでん》法門を収録した『了因《りょういん》決《けつ》』に、

大日房云く、公胤《こういん》に第五の三昧耶《さんまや》（衆生救済の本願）は仏の所説なり。人、これを知らず云々

（『大正蔵経』七七、一六七ページ中）

とあり、道元が叡山を降りるきっかけを作った公胤の、あまり知られていない所説を紹介していることからみても、かなり台密に通じていた可能性がある。また『渓嵐拾葉集《けいらんじゅうようしゅう》』

第五十七巻には、

その時の物語に云う、五大院（安然）の御作に蓮花観《れんげかん》とフノリ抄という両種の秘書これ有り。（中略）この蓮花観、フノリ抄と申す事は東寺《とうじ》第一の秘曲なり。未だ散在に及ばざる抄なりと、云云。

ある僧、物語に云う、この秘書は摂津国三宝寺という所にこれ在り、云云。大日房建立の寺なり。道光、行きて書写すべしと約束し畢《おわ》んぬ

（『大正蔵経』七六、六九二ページ上～中）

とある。台密大成者である安然の撰述で、東密（真言密教）の根本道場の東寺でも第一とされる秘伝書が、三宝寺に秘蔵されていたということであって、当然、三宝寺において密教が研鑽《けんさん》されていたこと、さらにはそれが能忍の禅風に由来することを推測させるものである。そのことは、高野山宝寿院《こうやさんほうじゆいん》所蔵『拾遺性霊集《しゆういせいれいしゆう》』の奥書《おくがき》に、同史料の底本が「吹田三宝寺本」であると記されていることからも窺える（高木訷元《しんげん》「唐僧義空の来朝をめぐる諸問題」『高野山大学論叢』一六―五五）。

以上、基づいた史料が断片的ではあるものの、能忍の禅風の一端を考えてみたが、それは叡山教学の範疇においてて、十分にとらえられるもののように思われる。『宗鏡録』の影

響を受けた教禅一致の傾向や密教的色彩は、まさしく栄西と共通するものであり、事行・事戒（実践修行や戒律獲得）を欠くという点で批判されはしたが、鎌倉期に勃興する禅が叡山教学のなかから醸成される一形態と見得るのではあるまいか。拙庵徳光に対して所悟を呈し、印可証明を得たとされることも、弟子の派遣という形も含めて、再検討する必要がある。

『興禅護国論』の批判

栄西の能忍に対する批判は、直接名指ししてはいないものの、『興禅護国論』「世人決疑門第三」に、

> 問うて曰く、或人、妄りに禅宗を称して名づけて達磨宗と曰う。しかも自ら云く、行無く修無し、本より煩悩《ぼんのう》無く、元よりこれ菩提《ぼだい》なり。この故に事戒を用いず、事行を用いず、ただまさに偃臥《えんが》（寝ころぶ）を用うべし。何ぞ念仏を修し、舎利《しゃり》を供し、長斎節食することを労せんやと、云云。この義如何《いかん》。答えて曰く、それ悪として造らざるなきの類。聖教《しょうぎょう》の中に空見《くうけん》と言える者のごとき、これなり。この人と共に語り同座すべからず、まさに百由旬《ゆじゅん》を避くべし
>
> （『大正蔵経』八〇、七ページ下～八ページ上）

とあるように、徹底した否定の態度である。栄西が能忍を認めないのは、この後に続けて

『宝雲経《ほううんきょう》』『摩訶止観《まかしかん》』『宗鏡録』などを引いて、禅の殊勝なるを聞いても、事理の行を欠き、事戒なきことを非難していることからみて、達磨宗が「本より煩悩無く、元よりこれ菩提なり」ということに安住して、「事戒を用いず、事行を用いず、只まさに偃臥を用いて」いる点においてであろう。右の引用箇所の直前にも『宗鏡録』を引いて、自らの禅が「暗証（正しい仏法ではない）」ではなく「悪取空《あくしゅくう》（誤った理解）」でもないことを強調しており、同じく『宗鏡録』によりながらも、能忍の理解がその厳しい事戒と修行を見落としている点を指摘しているように思われる。確かに『成等正覚論』においても、戒に対しては明確な考えが示されていない。宋朝禅の厳格な持戒持律《じかいじりつ》主義を取り入れて、あえて最澄《さいちょう》が棄捨した小乗戒《しょうじょうかい》を重視し、叡山の弊風を打破しようとした栄西からみれば、同じような環境と条件のなかで禅を指向しながら、従来の弊風をまったく脱していない能忍は、まさに「共語同座」すべからざる、「百由旬を避くべき」存在だったのであろう。

『未来記』の批判

栄西の能忍観を見る史料として、『興禅護国論』の末尾に附された『未来記《みらいき》』は、柳田聖山氏が指摘された（『中世禅家の思想』日本思想大系一六の解説）ように、見逃すことのできない、重要な意図を含むものと考えられる。

未来記

図15　霊隠寺　筆者撮影

建久《けんきゅう》八年（一一九七）丁巳《ひのとみ》八月二十三日。鎮西《ちんぜい》博多の津の張国安《ちょうこくあん》なるもの、来り語って曰く、

大宋乾道《けんどう》九年（一一七三）癸巳《みずのとみ》（日本の承安《じょうあん》三年癸巳の歳にあたる）七月、臨《りん》安府《あんぷ》（今の王都なり）に到る。霊隠寺《りんにんじ》に詣で、親しく堂頭《どうちょう》和尚仏海《ぶっかい》禅師に見《まみ》ゆ。陞座《しんぞ》説法して国安がために示して曰く、我が滅度《めつど》の後二十年、法は沙界に周《あま》ねからんと。いわゆる日出でて西に往く、西に往けば必ず西山入る。潮曳《ひ》いて東に還《かえ》る、東に還れば決して東海に漸《ぜん》す。然らば東漸の仏法、日域に到らざらんや。ここに因って東海の上人あり、西に来って禅宗を伝うべし。決して虚ならざるなり。

你《なんじ》、郷に帰らば恁麼《いんも》（このよう）に説け。我れ今你を視る、你また我を見る。我れ明年正月十三日、まさに世を避くべし。你再び来るもただ名を聞くのみならん、今日のことを憶《おく》せよ。我れ宿因多幸にして、汝を見てために日本仏法弘通《ぐつう》のことを説く。你、記して忘るるなかれと、云云。国安、辞して郷に復《かえ》る。また明年四月、海を渡りて寺に到り、師の安否を問う。師は果然として遷化《せんげ》したまうこと去年の示のごとし。正月十三日、安然として遷化すと、云云。仏照禅師、詔《みことのり》を蒙ってその跡を継ぎ、報恩の斎席《さいせき》を修す。国安、会に詣してまた報恩の志を陳《の》ぶ。仏照禅師、讃じて言く、遠を凌《おか》して来り師恩を報ずと、云云。

その仏海禅師は、無生見諦の人なり、よく未来のことを識知す。今すでに栄西、かしこに到りて法を伝え来る。その身は不肖なりといえども、その事はすでに相い当る。予を除いて誰ぞや。好人は海を越えず、愚人は到れどもなんぞ要せん。智人察せよ。仏海禅師の記より、予が蓬萊《ほうらい》の濠《うみ》を超えるに至るまで、首尾一十八年。霊記はなはだ（奇）なるかな。未来を追思するに、禅宗空《むな》しく墜《お》ちじ。予、世を去るの後五十年、この宗最も興るべし。すなわち栄西みずから記す

（『大正蔵経』八〇、一七ページ中）

仏海禅師とは、宋朝禅を最初に日本に伝えた叡山覚阿が嗣法《しほう》（法を嗣《つ》ぐ）した、仏海慧《え》遠《おん》である。また張国安の報恩の志を讃嘆した仏照禅師とは、ほかならぬ大日房能忍を印可したとされる、拙庵徳光である。慧遠は国安に対して、自分が淳熙元年（一一七四）に遷化した二十年後、禅宗が東海上人によって日本へ伝えられると予言し、国安に会ったことも、宿因《しゅくいん》によってそのことを伝えるためであると述べている。栄西は、張国安が慧遠に謁した承安三年（一一七三）から数えて十八年後、建久二年に二度目の入宋から帰国したことで、慧遠が予言したのは自分以外にないとし、さらに自分が示寂して五十年後には、禅宗がもっとも栄えることを予言している。

従来この『未来記』については、将来した宋朝禅の弘法《ぐほう》が思うにまかせぬ栄西が、示寂後の興隆に対する期待を述べているという解釈もあったが、ことさらに覚阿の師である仏海慧遠と、能忍を印可した拙庵徳光に託して、禅の隆盛を予言したという点は、明らかに覚阿や能忍に対する反感を含んでいるといえよう。覚阿が入宋して慧遠に参じ、嗣法して帰国した時期は、栄西が第一回入宋後、密教の研鑽と撰述に没頭している期間であり、能忍が弟子二名を拙庵のもとに派遣したときには、師虚菴《きあん》が天台山から天童山へと移るのに随従し、いまだ禅の受法を終えていなかったのである。『未来記』の「好人は海を越えず、愚人は到れどもなんぞ要せん」という表現は、名指しではないものの、中国禅宗を実見しなかった能忍と、自分よりも早く受法した覚阿に対する、かなり露骨な非難であると見てよいように思われる。

能忍と栄西との違い

大日房能忍の禅は、宋版大蔵経《だいぞうきょう》に入って将来された『宗鏡録』などに基づく、叡山教学における禅への関心の高まりのなかで醸成されたものであり、内容的には宋朝禅と異なるものである。それだけに、事戒事行を欠くという当時の叡山の悪しき傾向、言い換えれば本覚思想の色彩を色濃く残していると考えられる。宋朝禅を新しい方法論として選択し、形の上では臨済一宗の独立をめざした栄西にとっては、似て非なる存在として批判の対象となったが、逆の視点から見れば、宋朝禅の助けを借りることなく、叡山教学のなかで禅を取り上げるという作業をなし得たともいえる。その意味では、鎌倉新仏教が叡山から派生する原初的形態と捉えることが可能と思われる。練中・勝弁を派遣して拙庵徳光の印可を乞うたことも、隆盛を伝えられた宋朝禅の祖師に対し、自らの禅への理解を確認したとも考え得る。拙庵が印可したことで自信を持った能忍は、叡山の伝統を踏襲して「達磨宗」の名称を用いたのであろう。

『宗鏡録』の教禅一致思想の影響を受けて禅に傾倒したという点においては、能忍も栄西も同じような経緯をたどったといえるのであり、共に叡山教学から派生した禅という一本の延長線上に位置づけられるのである。その意味では、周囲から見ている限り、同じ範疇だと理解されてもやむを得ない部分がある。ところが、入宋して宋朝禅を実見した栄西の立場から見たとき、事戒事行を欠くという点では当時の叡山を弊風をまったく脱しておらず、宋朝禅の厳格な持戒持律主義をもって旧弊を打破し、最澄の祖法を復興しようとした栄西の眼には、まさしく「百由旬を避くべき」存在としか映らなかったと思われる。当時においては、あるいは能忍の方が社会的に早く、しかも広く知られていたかもしれない状況で、二度の渡海入宋の末に受法した自らの禅と、能忍の禅が混同されることだけは避けようとした結果、厳しい批判を加えることになったのであろう。

達磨宗と「日本達磨宗」

従来の視点に立った達磨宗研究でもっとも詳細なものは、大久保道舟《どうしゅう》氏の「原始僧団と日本達磨宗との関係」(『道元禅師伝の研究』)であるが、このなかで大久保氏は「日本達磨宗」という呼称を初めて用いられている。一般的に禅宗を指して「達磨宗」と呼ぶ例は多い。能忍の場合も、『百錬抄《ひやくれんしょう》』では「達磨宗」と呼ばれているが、氏はこれを当時の能忍を知る人か、ないしは後世の人が用いた呼称であって、能忍自身が「達磨宗」と称したのではないとされ、一般的な意味との混同を避けるために、とくに「日本達磨宗」と呼ばれたのである。しかし、「日本達磨宗」という呼称は史料の上で一度も用いられておらず、むしろ、前に紹介したように、金沢文庫所蔵『悲想伝授抄』には能忍の言葉として「達磨宗」とあり、さらに『成等正覚論』では「それこの宗は、達磨大師所伝の法なるが故に達磨宗と名づくなり」（『金沢文庫資料全書』禅籍篇、二〇一ページ）とあって、能忍自身か、少なくともその門流においては、自ら「達磨宗」と称していたと見る方が妥当のように思われる。また、のちに触れる瑩山《けいざん》の「嗣書助証」に、

八宗の講者たりといえども、進んで以て達磨正宗初祖として宣下《せんげ》を蒙り、それより日本国裏、初めて達磨宗を仰ぐ

（『続曹洞宗全書』室中、四三七ページ）

とあり、『聖光上人伝』にも「これにおいて禅師、院奏を経て、達磨宗を弘む」（『続群書類従』九上、三二ページ）とあることから見れば、建久五年（一一九四）に栄西とともに弘法を停止《ちょうじ》される以前に、いったんは弘法を認める宣下があったものとも考えられる。しかも、前項で検討したような能忍の禅風を考えたとき、一般的な形で叡山教学のなかに埋没していた禅宗が、能忍によって掘り起こされ、「達磨宗」という宗名のもとに市民権を

得たともいえるのではないだろうか。以上のような状況を考慮して、本書ではあえて「達磨宗」という呼称を用いる。

能忍の示寂

能忍の事跡やおもな活動時期については、考察の材料に乏しく、明らかではない。『本朝高僧伝』第十九巻の「能忍伝」には、

釈能忍、大日と号す、平家《へいけ》の士将景清《かげきよ》の叔父なり、（中略）一夜、景清訪ね来り、忍、その邂逅《かいこう》を喜んで相い逢う。弟子をして酒を杏家に需《もと》めしむるに、景清、事を官府に告げられんことを疑い、すなわち剣を擐《つらぬ》きて刺殺して去る

（『大日本仏教全書』一〇二、二七三ページ）

とあって、能忍は甥の平景清に殺されたことになっている。景清は平家の猛将として知られ、壇ノ浦の合戦後に源氏の追及を受けていたが、建久六年（一一九五）に捕らえられ、翌年に断食《だんじき》して死んだと伝えられているので、『本朝高僧伝』の記事が史実であるならば、能忍の示寂は建久五～六年ということになり、『百錬抄』によれば、建久五年七月五日には達磨宗弘法停止《ぐほうちょうじ》の宣下《せんげ》を蒙っているから、失意のなかで思いがけない示寂を迎えたことになる。『本朝高僧伝』のこの記事がどのような史料に基づいたかは不明である。『吾妻《あずま》鏡《かがみ》』などでは、景清は侍《さむらい》大将の一人として扱われる程度であるが、『平家物語』に見える

いくつかの落ち武者伝説が仮託されて、謡曲《ようきょく》・幸若舞《こうわかまい》などにも取り上げられるようになる。このような点を踏まえて原田正俊氏は、景清の能忍殺害についても、摂津国の一部で語り伝えられたものが、近世初頭に名所記などに紹介されたのであり、疑問視せざるを得ないとされている（『日本中世の禅宗と社会』「達磨宗と摂津国三宝寺」）。

　建久五年に弘法活動を停止されているものの、瑩山の「嗣書助証」や『聖光上人伝』に、いったんは「達磨正宗初祖として宣下を蒙」り、「院奏を経て達磨宗を弘」めたとあるのは、文治《ぶんじ》五年（一一八九）八月十五日の練中・勝弁の帰国以後、建久五年（一一九四）七月五日に停止されるまでの期間と見るべきであろう。宝地房証真《ほっちぼうしょうしん》が文治四年に著した『天台真言二宗同異章《どういしょう》』において、「今時多く達磨宗を好む」（『大正蔵経』七四、四二一ページ上）と述べているが、承元年間に入宋帰国して叡山に止住した覚阿も含めるにしても、時期的にはやはり能忍を意識してのことばと考えられる。つまり能忍の活動は、公認されてはいなかったとしても、文治五年以前、すでにかなり盛んになっていたと見得る。したがって、ごく大雑把にいえば、能忍の達磨宗初祖としての活動は、文治年間の初めごろ（一一八五ごろ）から、建久五年（一一九四）ごろまでの十年間程度ということになる。

能忍示寂後の達磨宗

能忍の示寂後、三宝寺がどういう状況で護持されていったかについて、これまではほとんで不明であり、あたかも東山に拠点を置いた覚晏《かくあん》一人が、達磨宗の法燈を嗣いだかのように理解されてきた。三宝寺自体については、前に指摘したように、わずかながら密教を研鑽する道場であったことを窺わせる史料が残っており、すぐに廃寺になったというわけではなさそうである。しかし、それは具体的な状況を語るものではなく、能忍寂後の三宝寺の輪郭を示すものとはいえない。

京都府八幡《やわた》市の浄土宗正法寺《しょうぼうじ》に所蔵される摂津三宝寺関係史料は、能忍寂後の三宝寺に光をあてる重要な史料であり、達磨宗研究に新たな視点を与えたといえる。史料のいちいちについては『曹洞宗研究紀要』一八号（一四二ページ）において翻刻したが、その大半は、能忍が派遣した二弟子が、帰国に際して持ち帰った大慧宗杲《だいえそうこう》の袈裟《けさ》、および舎利《しゃり》、つまり達磨から六祖慧能《えのう》に至る六人の祖師の舎利や、普賢光明《ふげんこうみょう》舎利に関するもので、とくに舎利の護持状況について、興味深い内容を伝えている。本来「六祖」といえば、中国禅宗第六祖である慧能を意味するが、三宝寺関係史料では、達磨から六祖慧能に至る六人の祖師という意味で用いている（以下本書でも、この限定された意味の「六祖」という語句を使用する）。この史料は、昭和五十年春の奈良国立博物館特別展「仏舎利の美術」に出品された、正法寺蔵「達磨六祖舎利容器」の附属文書として紹介されたもので、合計二十点の文書が巻子《かんす》装《そう》二軸に仕立てられ、六祖舎利およびその容器、火焔塔《かえんとう》型舎利容器二個、五《ご》輪塔《りんとう》型舎利容器一個、伝大慧宗杲袈裟などとともに、一括史料として箱に納められ、京都国立博物館に委託管理されている。

図16　正法寺舎利容器（正法寺所蔵）

三宝寺史料の行方

能忍が拙庵《せったん》から授与されたものとして、これまでに知られていた史料に記されているのは、『元亨釈書』の「法衣および賛達磨像」、瑩山《けいざん》の「嗣書助証」にある「臨済家嗣書、祖師相伝血脈《けちみやく》、六祖普賢舎利等」である。嗣書・血脈については、瑩山によって永光寺《ようこうじ》（石川県羽咋《はくい》市）五老峰に埋納されたので現存しないが、正法寺所蔵史料の発見によって、その他の相承物については一応確認ができたことになる。大慧の袈裟に関する文書には、「本願帰朝の際に伝来」したものであること、「三宝寺の重宝」であることなどや、その寸法が記されている。舎利・袈裟の伝来については、「摂州中嶋三宝寺六祖舎利大慧袈裟伝来記」に次のように述べられている。

> 夫れ摂州中嶋三宝寺は大日上人（または本願とも号す）の開基たり。後鳥羽帝《ごとばてい》の文治己酉五年、大日、僧徒を宋朝に遣して、仏照禅師に法を受継げり。（この旨、年代記に見えたり）その後、大日もまた宋に行く。仏照、大日の信敬を感美して、達磨・慧《え》可《か》・僧璨《そうさん》・道信《どうしん》・弘忍《ぐにん》《こうにん》・慧能の舎利及び大慧禅師の袈裟を附属す。帰朝あって、三宝寺宝物として、歴代相承せり。惜しいかな、応仁《おうにん》三年夏、義政《よしまさ》将軍、摂州中嶋十七箇所を責め玉う。中嶋諸勢、これを防ぐに及ばず、敗北せり。その時、三宝寺すべて戦場になりぬ。衆徒、宝物を亡滅せんことを歎き、六祖舎利及び袈裟そのほか宝物若干を、泉州堺郷の道者《どうじゃ》の草庵に贈れり。それよりして後、比丘尼《びくに》、この草庵を相続せり。この尼は、聖賢院《しょうけんいん》開基大檀那安正軒宗賢居士の叔母なり（後欠）

この文書は、題名に「摂州中嶋三宝寺」とあることから、あるいは正法寺で発給されたもので、三宝寺関係史料が正法寺に移管された事情について、認めたものではないかと考

える。江戸期に著された『元亨釈書便蒙《べんもう》』の註記に、

あるいは曰く、衣はすなわち杲大慧の旧物なり。展転して、今は八幡山下、正法寺の中の聖賢院に在り

（駒澤大学所蔵本、第二巻八丁右）

とあり、少なくとも大慧の袈裟が正法寺に移管されていたことは、ある程度、知られていたと思われる。右の「伝来記」が語るように、六祖舎利・大慧袈裟については、応仁の乱を避けて三宝寺から持ち出されたようであり、末尾にある開基法号の「聖賢院」が、『便蒙』のいう正法寺の子院である聖賢院を指すのかも知れない。ただ、この二つが同一であるかどうかについては、史料の上ではっきりとは確認できず、多少疑問が残る。しかし、いずれにしても舎利・袈裟については、現実に正法寺に移管されたのであり、正法寺においてその経緯を認めたものが、この「伝来記」であると見ることが妥当であろう。また、能忍が練中・勝弁を拙庵徳光の許に派遣して印可を受けさせたのち、自ら渡海入宋し、種々の相承物はこのときに拙庵から授与されたとしている。前にも述べたように、能忍にとっての嗣法、もしくは弟子を派遣したことについての意味は、慎重に再検討すべき問題であるが、おそらく『元亨釈書』の批判が世に与えた影響は大きく、面授嗣法をきわめて

図17　達磨像（個人蔵，大阪市立美術館提供）

重視する宋朝禅が隆盛を迎えるなかで、一種の負い目のようなものが能忍入宋という伝承を醸成挿入させたのであろう。

この「伝来記」には、達磨像と拙庵自賛頂相《ちんぞう》についてなんの記述もないが、達磨像は土《と》佐《さ》長浜の雪蹊寺《せっけいじ》を経て妙心寺《みょうしんじ》大通院《だいつういん》の什物《じゅうもつ》となり、寛永《かんえい》十三年（一六三六）愚堂東寔《ぐどうとうしょく》（一五七九—一六六一）が後水尾《ごみずのお》上皇に請されて陞座《しんぞ》説法（亡者供養のための説法）したさいに、仙洞御所《せんとうごしょ》の壁間に掛けられたと伝えられている（『妙心寺史』四二七ページ）が、現在は個人の所蔵となっている。拙庵自賛頂相については、辻善之助氏が、大正五年（一九一六）下条正雄氏売立に、賛文のみを表装したものが出ているのを目撃されている（『日本仏教史』第三巻、六一ページ）。このことからも、理由は不明であるが、達磨像・拙庵自賛頂相は正法寺に移管されず、しかも応仁の乱にも亡滅しなかったことになる。それは、とりもなおさず「伝来記」が正法寺発給であることの傍証になるのではないだろうか。

三宝寺と舎利信仰

二十点の文書のうち、写し一点を含めた十三点が、六祖普賢舎利関係の文書であるということは、三宝寺における舎利の護持相伝が、非常に重要視されていたことを示すものであろう。とくに、普賢光明舎利に関する建保《けんぽう》六年（一二一八）の文書には、

普賢光明舎利参拾柒（三十七）粒
右は先師、宋朝より伝来せり。禅宗重宝として、師資《しし》相承し、散失すべからず。
建保六年五月十五日　弟子定観《ていかん》これを記す　在判

とあり、「禅宗重宝」として相承し、散失させてはならないとしている点は、これが建保六年という早い時期の史料であるだけに、達磨宗自体にも「禅宗」という意識があったことを窺わせて興味深い。さらに、寛喜二年（一二三〇）の「三宝寺御舎利安置《あんち》之状案」、応永十二年（一四〇五）の「三宝寺重宝内御舎利六祖分数」、寛正《かんしょう》三年（一四六二）の文書、

応仁元年（一四六七）の「六祖御舎利米粒数」などは、鎌倉から室町期を通じて、六祖舎利および普賢光明舎利の数の増減、および形・色などについて詳細に記録しており、その保管には細心の注意を払っていたようである。同様のことは、嘉禎《かてい》四年（一二三八）八月十日付の「僧観照」による舎利殿の棟札の写しと思われる文書からも推測できる。つまり舎利の相伝護持のために、独立した伽藍を建立したということである。

三宝寺関係史料のなかで、建仁《けんにん》元年（一二〇一）というもっとも古い年記の「六代祖師舎利事」には、

建仁元年　壬戌《みずのえいぬ》、正月三日申《さる》の刻
同法定観の勧めに依りて、六祖御舎利を拝し奉るの処
第六祖の舎利一粒、始めて出来御す
元と合わせて二粒なり〈その貌《すがた》、円白にして光潤少しく劣る〉
これ機感じ時至るか。はなはだ以て幸甚々なり
達磨の御舎利、元より二粒。慧能の御舎利、今二粒になる
よって六祖合わせて八粒の舎利なり
当時、不思議の思いをなす。すなわちこれを記すところなり

蓮阿弥陀仏　観真（花押）

六代祖師舎利事（端裏）

とあり、観真が同法（同門の意か）である定観の勧めによって、六祖舎利を「拝見」したところ、慧能の舎利一粒が出来《しゅったい》したという奇瑞を述べている。同種の奇瑞は応永十四年（一四〇七）の文書にも

応永十四年丁亥《ひのとい》、十一月十一日酉の剋に
御舎利信仰僧〈宗助《そうじょ》と号す〉来り、拝見するの時
普賢光明御舎利の内、青色の御舎利一粒、分散これあり
末代の御舎利たりといえども、奇特不思義の奇瑞なり

と述べられている。宗助という僧が「拝見」したときに、普賢光明舎利一粒が分散したというもので、末代の舎利とはいえ不思議な奇瑞であるとしているが、ここで宗助を「御舎利信仰僧」と呼んでいることも含め、三宝寺における舎利信仰と、そこでの「拝見」という儀式の存在が感じられる。このほかにも、「舎利十徳」や「仏舎利拝見の十三種功徳」を挙げた文書があり、こうした点からも、三宝寺における舎利信仰と、「拝見」の重要性が窺える。他のいくつかの文書が、舎利の保管と分散を防ぐ意図を持った内容であること

も、そのことを語っているように思われる。

舎利の分与

ところが一方では「聖順房証文」に、

範永生年三十八の年、一蓮御房より普賢光明御舎利一粒を処分し給い畢んぬ

件《くだん》の御舎利、もとは心蓮御房の御所持なり

数三十七粒也其内一粒〈ただし赤色の御舎利なり〉一蓮御房御奉請也

彼の院主《いんじゅ》円聖房、懇切に

範永の一期の後は、本所へ返納し奉るべきの由、所望せしめ給う

よって必ず渡し奉るべきの由、約束申せしめ候らい畢んぬ

若しまた最後に忘却すること有りと雖も

尋ね取らるべきの状、件の如し

寛喜二年十月七日金剛仏子範永　(花押)　梵字

聖順房証文（端裏）

とあるように、舎利を分与することもありえたようである。同時に文書の後半を見ると、分与を受けた範永が亡くなったときには、必ず本所（三宝寺）へ返納するよう、院主円聖

房が要請しており、むしろそのことを確認する意味の証文となっている。「彼の院主」とは、おそらく三宝寺の住持を指すものと思われる。つまり、数の多い普賢光明御舎利に限って、一粒程度を分与することがあったとしても、なるべく分散させることなく、あくまで「禅宗重宝」として、六祖普賢光明舎利を護持相伝することが、能忍寂後の三宝寺の重要な役割であったと考えられる。しかも「三宝寺御舎利安置之状案」には、

（前略）
右は、本願《ほんがん》上人、宋朝より伝来の後、
禅宗重宝として、師資相承せしところなり
しかして宗の本寺たるが故に
彼の御舎利の随一、合わせて五粒
三宝寺に安置し奉るの序、件の如し
寛喜《かんぎ》二年庚寅《かのえとら》　二月十五日　これを記す

三宝寺御舎利安置之状案（端裏）

（傍点筆者）

と、三宝寺が達磨宗の本寺であることの象徴として、舎利を安置する旨が述べられている。その意味では、東山から多武峰へと移った覚晏の系統は、あくまで傍系であり、のちに深草（京都市伏見区）興聖寺の道元の下に集団帰投する覚晏門流の達磨宗が、唯一の達磨宗僧団であったわけではないし、彼らが日本曹洞宗に同化することで、達磨宗が消滅したのでもない。覚晏門流については、後に述べる。

以上のような点から考えて、栄西の「密禅併修」と同じように、台密研究が盛んな叡山教学のなかから醸成された、派祖大日房能忍の密教的な禅という傾向は、そのまま能忍示寂後も三宝寺で継承されたのである。またその一方で、練中・勝弁が宋から持ち帰った六祖舎利および普賢光明舎利を、禅宗相承を証明する宝物として、さらには三宝寺が達磨宗の本寺であることの象徴として、慎重かつ厳重に護持していたことが窺える。言い換えれば、能忍寂後の三宝寺は、密教道場であると同時に、独自の舎利信仰を保っていたといえる。

栄西の弟子とその門流

退耕行勇とその門下

栄西の弟子たち

栄西《えいさい》は、叡山覚阿《えいざんかくあ》や大日房能忍《だいにちぼうのうにん》などと同じく、叡山教学のなかから宋《そう》朝禅《ちょうぜん》に関心を向けた僧であるが、一般的には日本禅宗の初祖として理解されている。実際には、覚阿が杭州霊隠寺《こうしゅうりんにんじ》の仏海慧遠《ぶっかいえおん》から法を嗣いだのは淳熙《じゅんき》元年（一一七四）であり、能忍が弟子二名に所悟の偈《しょごのげ》（悟りの内容を述べた漢詩文）を託して阿《あ》育王寺《いくおうじ》の拙庵徳光《せったんとっこう》に呈せしめ、自賛頂相《じさんちんぞう》および達磨《だるま》像を授かったのが文治《ぶんじ》五年（一一八九）であって、いずれも栄西が虚菴懐敞《きあんえしょう》に嗣法《しほう》して帰国した建久《けんきゅう》二年（一一九一）より早い。しかし覚阿は高倉《たかくら》天皇との問答ののち、いまだ禅宗が流布する時期ではないと見て叡山に隠棲し、能忍は禅宗の確固たる勢力となったものの、栄西の批判や虎関師錬《こかんしれん》の『元《げん》亨釈書《こうしゃくしょ》』の記述によって貶《おとし》められ、あたかもまったくふるわなかったかのごとく考えられていた。覚阿は別としても、能忍は、日蓮《にちれん》が浄土《じょうど》門の法然《ほうねん》と並べて禅門の代表として批判していることなどから見て、建久五年（一一九四）七月五日、栄西とともに「達磨宗」の弘法《ぐほう》を停止《ちょうじ》される以前は、むしろ栄西を凌ぐ存在であったと思われる。ところがその後、栄西が鎌倉幕府の帰依を受けたことで、いわば両者の立場は逆転したといえる。日蓮の当時は、達磨宗の拠点である三宝寺《さんぼうじ》も、能忍の門流が護持しており、能忍の事跡もそれなりに残っていたのであろうが、栄西以降に伝来した禅宗がほとんど能忍の系統とは交流を持たず、逆に栄西の影響がかなり大きかったこととも相俟って、能忍はしだいに栄西の陰に隠れていったのである。

ともあれ、栄西は禅宗初祖としての立場を確立し、その兼修《けんしゅう》的禅風はしばしば論議の対象となったが、今日もその地位は揺るぎないといってよい。退耕行勇《たいこうぎょうゆう》（一一六三―一二四一）と釈円房栄朝《しゃくえんぼうえいちょう》（?―一二四七）は、栄西門下の双璧といってよい高弟である。日本禅宗の歴史を語るに際して、つねに栄西が論及されるわりには、弟子の退耕行勇・栄朝、あるいは明全《みょうぜん》（一一八四―一二二五）といった人たちについては、触れられることが少ない。行勇が由良《ゆら》（和歌山県）興国寺《こうこくじ》開山無本覚心《むほんかくしん》（一二〇七―九八）に、栄朝が京都東福寺《とうふくじ》

図18　退耕行勇像（浄妙寺所蔵）

の円爾《えんに》に、明全が道元《どうげん》（一二〇〇—五三）にと、それぞれのちに日本禅宗史上の重要な存在となる僧に、少なからぬ影響を与えたにもかかわらず、行勇・栄朝・明全自身の仏法とはどのようなものかということになると、史料が少なく、しかも断片的である。また三者ともに、後世に残した撰述がないという点でも共通しており、十分な研究がなされているとはいえない。

明全

明全は、道元が如浄《にょじょう》に嗣法する以前の師として知られている。道元は三《み》井寺《いでら》の公胤《こういん》の指示によって、禅宗を学ぶために建仁寺《けんにんじ》を訪ねたとされるが、実際に栄西と対面したかどうかは、時間的にも微妙である。むしろ、現実に道元に影響を与えたのは明全であり、道元の持っている栄西に対するイメージは、ほとんど明全を通じて得たものと見てよいと思われる。明全は道元を伴って入宋《にっそう》し、宝慶《ほうきょう》元年（一二二五）五月二十七日、天童山了然寮《てんどうざんりょうねんりょう》で示寂《じじゃく》する。宋地で客死した明全は、必然的にそれ以降活躍することなく、若干の弟子がいたと思われるものの、道元以外に記録に残る活動をした者がないために、結果として明全は、つねに道元との関わりにおいて語られることになったのである。

栄朝

栄朝は、栄西の密禅併修《みつぜんへいしゅう》という宗風を継承し、上州世良田《じょうしゅうせらた》（群馬県）長楽寺《ちょうらくじ》の開山となって、多くの僧を接化《せっけ》（教え導く）した。栄朝の門流はそれなりに栄え、法嗣《はっす》（法を嗣いだ弟子）に寿福寺《じゅふくじ》四世の蔵叟朗誉《ぞうそうろうよ》（一一九四―一二七七）があり、以下寂庵上昭《じゃくあんじょうしょう》（一二二九―一三一六）―龍山徳見《りゅうざんとっけん》（一二八四―一三五八）と受け継がれ、室町期には多くの文筆僧を輩出している。栄朝は、栄西の葉上《ようじょう》流や蓮華《れんげ》流などの台密《たいみつ》を受けているが、その法系は、入元した龍山徳見に至って純粋禅に変わったとされており、栄朝の密教的禅風は、むしろ参学の徒であった円爾《えんに》に継承され、長楽寺にも円爾を派祖とする聖一派《しょういちは》の人がしばしば住している。承久《じょうきゅう》三年（一二二一）長楽寺の開山となって以後、栄朝の活動の中心は長楽寺であったようで、師栄西が鎌倉・京・奈良をまたにかけて活動したのとは対照的である（尾崎喜左雄『上野長楽寺の研究』参照）。

退耕行勇

行勇は、師栄西の在世中はほとんど活動を共にし、栄西開創の寺院を継ぎ、おそらく栄西の一門を引き継いだと思われる。つまり、栄西の宗風と活動、さらには僧団を相続したという意味において、栄西門流の中心となった人である。その活動は、師栄西が中心とした鎌倉・京・奈良の三都に加え、高野山《こうやさん》にも及んでいる。法嗣に、禅宗の威儀《いぎ》を日本に伝えたとされる大歇了心《だいかつりょうしん》（生没年不詳）がいるが、臨済宗法燈派《りんざいしゅうほっとうは》の祖となる心地房《しんちぼう》無本覚心も、長く会下《えか》にあって影響を受けている。

ここでは、とくに栄西門流の中心となった行勇と、行勇の弟子で金剛三昧院《こんごうざんまいいん》二世となった中納言《ちゅうなごん》法印隆禅《りゅうぜん》、行勇の影響を受けた無本覚心について考え、節を改めて明全と道元、さらに隆禅・覚心と道元の関係を見てみたい。

行勇の伝記

行勇の伝記は、江戸期の『延宝伝燈録《えんぽうでんとうろく》』（『大日本仏教全書』一〇八）、『本朝高僧伝《ほんちょうこうそうでん》』（『大日本仏教全書』一〇九）には立伝されているが、その分量はけっして多くはなく、しかも『元亨釈書』には立伝されていない。したがってその行実《ぎょうじつ》もけっして明らかではなかった。仁治《にんじ》二年（一二四一）七月五日七十九歳で示寂しているので、その誕生は長寛《ちょうかん》元年（一一六三）ということになる。初め玄信《げんしん》と称し、東寺任覚《とうじにんがく》（一一〇九—八〇）に密教《みつきょう》を学び、東大寺《とうだいじ》で登壇受戒して荘厳房《しょうごんぼう》行勇となった。十九歳で鎌倉鶴岡《つるがおか》八幡宮の供僧《ぐそう》となり、その後、鎌倉に下向した栄西に参随してその法を嗣ぎ、栄西の後を承けて寿福寺や建仁寺に住するとともに、東大寺大勧進職《だいかんじんしょく》にも就いて、さらに高野山金剛三昧院の第一世にもなったというのが、右に挙げた史料が伝える事績である。

行勇の伝記としては、右の僧伝類の外には、それらの典拠でもある『吾妻鏡《あずまかがみ》』の、該当する記事を参考とする程度であり、単独の行勇伝は確認されていなかった。ところが、鎌倉市教育委員会による市内文化財調査において、行勇開山の稲荷山浄妙寺《いなりやまじょうみょうじ》（神奈川県鎌倉市）所蔵『開山行状并足利霊符《かいさんぎょうじょうならびにあしかがれいふ》』が確認され、そのなかに編年体と散文の二種の行勇伝が含まれていることが判明した（この史料については、行勇伝の全文を『曹洞宗研究紀要』一九号に紹介した）。非常に興味深い記事を含んでいるが、一方でかなり重大な問題点をも抱えている史料である。たとえば、編年体の行勇伝である「行勇禅師年考」は、その記述のほとんどを『吾妻鏡』と「当寺大過去牒《だいかこちょう》」によっているが、四十八ヵ所にのぼる『吾妻鏡』の引用中、年記が食い違っているものや、記事そのものが『吾妻鏡』に見られないものが実に十一ヵ所もあり、ある意味では致命的な問題点となっている。また「当寺大過去牒」も、現時点では所在不明であり、散佚《さんいつ》したものと思われる。

行勇禅師年考

『開山行状并足利霊符』は表紙共五十八丁の袋綴《ふくろとじ》写本で、本文初丁より第二十三丁までが「行勇禅師年考」と題された編年体の伝記である。長寛元年（一一六三）九月の誕生から仁治二年（一二四一）の示寂までを、前にも述べたように『吾妻鏡』と「当寺大過去牒」を典拠として綴っている。示寂について『延宝伝燈録』巻六（『大日本仏教全書』一〇八、一〇八ページ）では、七月五・十五日、十月二十一日の諸説を挙げ、その地を東勝寺《とうしょうじ》としているが、「行勇禅師年考」では寿福寺《じゅふくじ》で七月十五日早朝に、としている。相模国《さがみ》（神奈川県）酒匂《さかわ》の人とする説もあるが、ここでは「京城藤家」に生まれるとし、嘉応《かおう》元年（一一六九）父に連れられて仁和寺《にんなじ》の覚性《かくしょう》（一一二九—六九）に就いて出家し、玄信と安名《あんみょう》されたとしている。覚性は嘉応元年に示寂しているので、その直前、あるいは最後の弟子であったと思われる。その後、東寺長者任覚《にんがく》に密教を学び、任覚が示寂する前年の治承《じしょう》三年（一一七九）、十七歳で東大寺戒壇院《かいだんいん》に登って具足《ぐそく》戒《かい》を受け、荘厳房行勇となっている。治承五年（一一八一）十月六日付で、鶴岡八幡宮最《さい》勝講《しょうこう》供僧に任じられているが、「鶴岡西谷慈月坊《にしたにじげつぼう》」に入ったのは九月二十六日、また前年の十月には伊豆にあったらしい。行勇が鎌倉に下るに至る事情については明らかではないが、東寺任覚が治承四年に寂しているので、そのことと関係するのかも知れない。

『吾妻鏡』において行勇の名が最初に見られる記事は、正治《しょうじ》元年（一一九九）四月二十三日、頼朝《よりとも》百箇日法要の導師を勤めるというものである（国史大系本二、五五七ページ）。しかし「行勇禅師年考」は「当寺大過去牒」を典拠として、それ以前に非常に重大な記事を収めている。すなわち元暦《げんりやく》元年（一一八四）の条に、「過去牒に云く、春三月、朝公（頼朝）の命を奉じて、慈月坊を周防《すおう》法眼有俊《ゆうしゅん》に付し、入宋《にっそう》して密頤《みつい》を究む」とあるものである。『延宝伝燈録』などには、行勇が渡海入宋したという記録はなく、この記事の典拠も『吾妻鏡』ではなく「当寺大過去牒」であるために、現時点ではこのことを傍証する史料はほかにない。わずかに行勇の入宋を伝える史料として、福岡市横嶽山崇福寺《おうがくさんそうふくじ》所蔵『支竺桑名山諸寺記録《しじくそうめいざん》』があり、「稲荷山浄妙寺」の項に開山行勇に関する私記として、「退耕禾上《たいこうかじょう》、道源と同じく入唐す、帰るに及んで舟洗海して逝く」とあり、昭和三十九年発行の『聖福寺史』（三七ページ）にも、第五世行勇の行実に参考として述べられている。しかし、内容としては行勇の他の伝記と齟齬《そご》する部分が多く、傍証史料としては採用できない。

文治《ぶんじ》四年（一一八八）条には、「過去牒に云く、秋八月、師宋より帰り直ちに鎌倉に入る。朝公渥遇《あくぐう》することますます厚し」とあり、在宋四年余りで帰国したことになるが、具体的に訪れた場所や参学した人の名は挙げられていない。ただ、のちに行勇の師となる栄西の、二回目の入宋が文治三年（一一八七）から建久《けんきゅう》二年（一一九一）までの四年間であり、行勇の入宋が史実であるならば、両者の在宋期間は一年間の重なりを持つことになる。両者が宋地でなんらかの関わりを持ちえたかどうかは不明であるが、栄西と行勇との出会いということについて、一つの可能性を示唆するものではある。栄西が建久五年（一一九四）に弘法《ぐほう》活動を停止《ちょうじ》されたのち、鎌倉に下向する事情については、第一回入宋のさい、共に帰国した俊乗房重源《しゅんじょうぼうちょうげん》と、親幕府派であった九条兼実《かねざね》との関係など、これまで背景となる事情は論じられていたが、直接的な要因については明らかでなかった。あくまで仮定としてのことであるが、在宋中の行勇が栄西と接触しないまでも、お互いの名を聞き及ぶ程度のことはあったかも知れず、少なくとも同時期に在宋していた親近感があれば、鎌倉下向の要因の一つと見ることも可能であろう。

　建久二年（一一九二）の条には、「この年夏四月、西祖《さいそ》（栄西）天童虚菴《きあん》の衣を伝えて帰朝し、相（相模＝神奈川県）の亀谷《かめがやつ》に寓止《ぐうし》す、師しばしばこれに謁し、ついに禅関《ぜんかん》を透る」とあり、栄西の帰国を伝えるとともに、あたかも栄西が帰国後あまり時を経ずに鎌倉に入り、行勇が参じて悟りを開いたと述べている。これらの記事は、行勇の入宋と、宋地での両者の関係を前提としていると考えられる。ところが、建久三年条には「東鑑（吾妻鏡）に云く、冬十一月、永福寺《えいふくじ》（二階堂の地に在り）造営の事畢《おわ》んぬ。結構比類無し、栄西を請して供養導師と為し、師をして一世長老と為さしむ」とあるものの、肝心の『吾妻鏡』では、永福寺落慶《らっけい》法要の供養導師は「公顕」となっており（国史大系本二、四七五ページ）、結果的にこの部分は、『開山行状幷足利霊符』自体の信憑性に関わる部分となっている。実際に『吾妻鏡』に栄西が登場するのは、正治元年（一一九九）秋、政子を施主とした不動明王開眼《ふどうみょうおうかいげん》供養の導師としてである（国史大系本二、五六〇ページ）。行勇は同年四月二十三日、頼朝百箇日供養の導師を勤め（同書五五七ページ）、以後も栄西とともに幕府や北条氏関係の法要の導師を勤めていくのであり、現時点では『吾妻鏡』と「行勇禅師年考」の記事における齟齬という問題は残るものの、栄西の鎌倉下向の機縁そのものに、行勇自身が関わっていた可能性は否定できない。

行勇と高野山

北条政子は、安達泰盛《あだちやすもり》の勧めで、頼朝の菩提《ぼだい》を弔うために高野山《こうやさん》に金剛三昧院を開創し、行勇を第一世とした。「行勇禅師年考」は、このことを建暦《けんりゃく》元年（一二一一）正月のこととし、落慶供養の導師に栄西を請したとしているが、これも「当寺大過去牒」を典拠としている。師栄西が京と鎌倉を活動の拠点としたのに対し、行勇はさらに高野山をも拠点に加えたといえるが、行勇自身が実際に金剛三昧院に止住した期間が、どの程度であるのかは、弟子隆禅《りゆうぜん》の活動に関連して考えることにする。

ただし、金剛三昧院の記録にも行勇の事績の一端が見えるので、その点に触れておきたい。『金剛三昧院文書』（『高野山文書』二）には、「金剛三昧院住持次第」「金剛三昧院紀年誌」「法燈国師《ほつとうこくし》行勇法系」などが収められており、それぞれ行勇に言及しているが、とくに興味深いのは「法燈国師行勇法系」（三八二ページ）である。この文書名は、行勇の謚号《しごう》が「法燈国師」であるかのように記しているが、実際には「法燈国師」はその弟子ともいうべき無本覚心の国師号である。冊子本のこの史料の表紙には、「行勇禅師年考草」とあると注記されていることから見れば、あるいは編纂のために文書名を付けるさい、覚心と行勇を混同したとも考えられる。内容的には、中国の石霜楚円《せきそうそえん》以降、臨済宗黄龍派《おうりゆうは》の主な祖師、虚菴懐敞《きあんえしよう》、明庵栄西《みんなんえいさい》、栄西の弟子を挙げ、さらに行勇の弟子として大歇了心・西勇《さいゆう》・隆禅を挙げているが、行勇について「かつて偏《あまね》く宋地に遊び、諸老の門に登る」とあり、その入宋を伝えているのである。「行勇禅師年考草」は、記述そのものはごく簡単であるが、やはり『吾妻鏡』を引用しながら編年体で綴られている。表題も『開山行状幷足利霊符』所収の「行勇禅師年考」を連想させるものであり、両書の引用箇所を比較すると、分量の差はあるがおおむね一致している。想像を逞《たくま》しくすれば、『金剛三昧院文書』所収の「行勇禅師年考草」は、『開山行状并足利霊符』所収「行勇禅師年考」の草稿であるのかも知れない。「行勇禅師年考草」の末尾には、「異筆」という但《ただし》書《が》きがあるものの、「塔を浄妙寺に建つ、被雲野衲《ひうんやのう》　昌能《しょうのう》」とある。被雲野衲は、法孫という意味であろう。昌能とは、江戸期に浄《じょう》妙《みょう》寺《じ》の行勇の塔頭《たっちゅう》である光明院《こうみょういん》に住した僧で、懶禅玄能《らいぜんげんのう》とも称し、元《げん》の中峰明本《ちゅうほうみんぽん》（一二六三―一三二三）の系統である臨済宗幻住《げんじゅう》派に属する人である。幻住派の僧は同時に夢窓《むそう》派にも属することが多く、「昌能」は夢窓派僧侶としての名である。昌能（玄能）は、幻住派の歴史や伝法・伝戒の規式をまとめた『浮木集《ふぼくしゅう》』（駒澤大学図書館所蔵）を撰述したことが知られている。『浮木集』の成立が享保《きょうほう》年間（一七一六―三六）と見られ、『開山行状并足利霊符』は、内容から推測して寛文《かんぶん》年間（一六六一―七三）以降の成立と考えられる。時間的には昌能がこの両書の撰者である可能性はあり、自らが属する法系の歴史や、止住している寺の歴史・開山の行実をまとめようとしたとすれば、両書の内容はその目的に適ったものであるといえる。

行勇の行実はなお不明な部分が多く、検討すべき問題点も少なくない。栄西の鎌倉における活動は、行勇との関わりを抜きには考えられないし、密禅併修という栄西の禅風が、どのように展開したのかについても、行勇自身や、その門流の活動を通して眺めることが不可欠である。そこで、行勇の高弟の一人である中納言法印隆禅と、結果的には法嗣にならなかったものの、長く参随して影響を受けた心地房無本覚心について見てみたい。

中納言法印隆禅

行勇の門下としては、寿福寺三世となり、建仁寺住持職・東大寺大勧《だいかん》進職《じんしょく》を継いだ大歇了心が著名であるが、金剛三昧院を継いだ中納言法印隆禅については、従来ほとんど論及されることがなく、行実も明らかではない。しかし、隆禅も東大寺大勧進職を継いでおり、その活動は鎌倉初期仏教における栄西門流の位置を考える上で、重要である。

隆禅に関する史料はきわめて断片的であり、量的にもけっして多くはない。『血脈類集《けちみゃくるいじゅう》記《き》』（『真言宗全書』三九）には「隆禅」という僧名が頻出するので、そのすべてが行勇の弟子である隆禅に該当するのかどうかは、明確ではない。現時点では、前項で取り上げた『開山行状并足利霊符』、『高野春秋編年輯録《しゅうろく》』（『大日本仏教全書』一三一）、『金剛三昧院文書』（『高野山文書』第二巻）などが、退耕行勇の弟子である隆禅に関しての、比較的確実な史料として挙げられる。

『開山行状并足利霊符』では「行勇禅師年考」の建暦《けんりゃく》元年（一二一一）条に、金剛三昧院開創の記事とともに、「仏眼房《ぶつげんぼう》隆禅有り、豪気人を衝《つ》く、衣服を易《か》えて膺《おう》ず、師厚くこれを接し監寺《かんす》となす」とあり、この年に隆禅が行勇の会下に投じたことを伝えている。「豪気人を衝く」という表現や、ただちに「監寺」(寺院の事務管理責任者)としたという点から考えて、すでにこの時点で、それなりの年齢に達していたと思われる。嘉禎《かてい》三年(一二三七)条には、行勇が金剛三昧院住持職を隆禅に譲ったことが記されている。また「開山勇禅師行状」にも、「印証の者若干、了心・全玄《ぜんげん》・隆禅、これを先鋒となす」とある。全玄とは浄妙寺二世となった妙寂《みょうじゃく》全玄であり、了心は寿福寺三世大歇了心である。金剛三昧院を継いだ隆禅は、これら二師と並ぶ行勇門下の高弟であったと見てよい。

金剛三昧院と隆禅

『高野春秋編年輯録』は、高野山に関する記録を編年体にまとめたもので、興味深い記事が多いが、行勇や隆禅に関する記事も含まれている。延応《えんのう》元年(一二三九)条には、「行勇禅師、覚心上座を将《ひき》いて金剛三昧院より鎌倉亀谷山寿福寺に還住す、これ北条氏(泰時《やすとき》)の悃請《こんせい》に依るなり」(『大日本仏教全書』一三一、一五二ページ)とあり、割註に「金三院後職を以て中納言法印隆禅に附与すと云う」と、隆禅が行勇の後を承けて金剛三昧院住持となったことを述べている。仁治《にんじ》二年(一二四一)行勇示寂の記事の割註にも、「後に勇、また住職を中納言法印隆禅に譲って鎌倉に帰り、寿福寺長老となり遷化《せんげ》す」(同書一五三ページ)と、同じことが記されている。建長《けんちょう》六年(一二五四)条には、「覚心師(法燈国師)宋より帰る、すなわち登山し禅定院主に謁す」とあり、「禅定院主」に「中納言法印隆禅、これ第二世院主なり」と註されている(同書一六三ページ)。さらに正嘉《しょうか》元年(一二五七)条の、覚心が金剛三昧院の住持となった記事に註して、「前年、行勇鎌倉に入るの已後《いご》、隆禅替わってこれに住職す、また禅の後、覚心これに住持す」(同書一六四ページ)とある。おおむね、隆禅が金剛三昧院住持であった期間に関する記録であるが、「行勇禅師年考」が嘉禎三年(一二三七)に住持となったとしているのに対し、『高野春秋編年輯録』は行勇が北条泰時の懇請によって鎌倉に下向する延応元年(一二三九)としている。また隆禅の後の三世住持を、無本覚心としているが、この点は後に触れる。

『高野春秋編年輯録』の隆禅に関する最後の記事は、永仁《えいにん》二年(一二九四)条に、「鎌倉相模守貞時《さがみのかみさだとき》、陸奥守宣時《むつのかみのぶとき》・高野山僧中納言法印に命じて、異国降伏《いこくごうぶく》の御祈を丹生社《にうしゃ》頭で勤《ごん》修《じゅ》せしむ」とあるもので、「中納言法印」に「金剛三昧院主隆禅の官名なり」と註されている(同書一八四ページ)。この記事は、金剛三昧院住持を退いた隆禅が、晩年にも高野山に止住《しじゅう》していたことを示しており、建暦元年(一二一一)の行勇への帰投を二十歳前後としても、世寿百歳を超える長命を保ったことになる。

『金剛三昧院文書』のなかの隆禅に関する記録は、金剛三昧院所領として寄進された美《み》作《まさか》国（岡山県）大原保《おおはらのほ》について、足利義氏《あしかがよしうじ》発給の寄進状および書状が三点、鎌倉将軍家御教書が一点、ほかに「金剛三昧院住持次第」「金剛三昧院紀年誌」「法燈国師行勇法系」などである。

隆禅の住持期間

「法燈国師行勇法系」は、前にも触れたように、文書名に混乱が見られるが、行勇の入宋を示唆する記事を含んでいる。また隆禅が金剛三昧院の住持となったのは、嘉禎三年（一二三七）となっている。もっとも、この文書が『開山行状幷足利霊符』の「行勇禅師年考」の草稿であるとすれば、年記の一致は当然である。「金剛三昧院住持次第」（『高野山文書』二、三七九ページ）は、歴代住持の略伝を含む点で重要である。行勇の項には、栄西の「素意《そい》」を受けて禅・教・律を興行したこと、布薩《ふさつ》その他の行持・規式を定め置いたこと、そして「登山両度有りと雖《いえど》も、住山程無し、ただ隆禅法眼を以て代となし、院家を執行」したと述べられている。つまり、行勇は金剛三昧院第一世長老となったものの、鎌倉における多忙さが長期間の高野山滞在を許さず、主として隆禅が金剛三昧院の寺務を司ったということであろう。「行勇禅師年考」に、行勇が金剛三昧院開創の年、帰投《きとう》したばかりの隆禅を監寺にしたとあるのは、おそらくこのことを指すと考えられる。『吾妻鏡』や「行勇禅師年考」の記事から、行勇が高野山に滞在した期間を推定してみると、「登山両度」というほどではないにせよ、かなり断片的であったと思われ、金剛三昧院の経営は、事実上隆禅が担っていたと見るべきである。

　隆禅の項には、「第二長老隆禅中納言法印」とあり、註して「仏眼房と号す、中納言光《みつ》隆《たか》卿の息なりと、云々」と記されている。『尊卑分脈《そんぴぶんみやく》』（国史大系本二、四八ページ）によれば、光隆は「猫間《ねこま》中納言」と称された藤原清隆《きよたか》の子、光隆であると思われる。光隆は建久九年（一一九八）の時点で七十二歳であり（『公卿補任《くぎょうぶにん》』）、年齢的には隆禅の父である可能性もないではないが、確定するには根拠に乏しい。また、寺務の間に仏殿・僧堂などを造立したことを述べた後に、「しかして去る延応の年、関東に召し下され、即ち寺務を止められ畢《おわ》んぬ。その後、実相院《じつそういん》に移住し、所労療治のため、当国本庄《ほんじょう》に下向、正月二日に他界し畢んぬ」とあって、延応《えんのう》年間には早くも住持を退いて関東に下向したことになっている。「金剛三昧院住持次第」では、隆禅の後、第三世長老に就いたのは蔵円房悟暹《ぞうえんぼうごせん》で、「去る仁治元年庚子《かのえね》五月五日、当寺長老に補せらる」となっている。延応二年（一二四〇）が改元されて仁治元年となるのは七月十六日であり、その意味では「延応の年、関東に召し下され、即ち寺務を止められ畢んぬ」という記事と合致することになる。監寺であった期間が長かったのに対し、住持職にあったのはわずかに二年か、「行勇禅師年考」がいう嘉禎三年からとしても四年ということになる。

『吾妻鏡』正嘉元年（一二五七）十月一日条には、行勇が第一世となった大慈寺《だいじじ》における供養の供僧《ぐそう》に、「隆禅」の名が見える（国史大系本四、六五四ページ）が、「権律師《ごんのりつし》」となっており、この時期の隆禅はすでにより高位の法印位であったと思われるので、あるいは別人かも知れない。関東下向後に移住したという「実相院」やその時期、所労療治のために下向したという「当国本庄」、また正月二日とのみ伝える示寂《じじゃく》の年については、すべて不明である。ただし示寂は、『高野春秋編年輯録』に永仁二年（一二九四）の記事があるので、当然それ以後のことである。

前に述べたが、隆禅の金剛三昧院住持の期間について『高野春秋編年輯録』は、行勇が延応元年（一二三九）に関東に下向するさい、隆禅に住持職を譲ってから、覚心が正嘉元年（一二五七）三世長老となるまでとしており、『金剛三昧院文書』の嘉禎三年（一二三七）から延応二年（一二四〇）までという記述、さらに覚心を六世とすることと食い違いがある。『金剛三昧院文書』のなかの五九～六二の四点の文書は、前に述べたように、金剛三昧院内に建立された大仏殿に所領として寄進された美作国大原保について、足利義氏発給の寄進状および書状が三点、鎌倉将軍家御教書《みぎょうしょ》が一点であり、隆禅が荘務を沙汰《さた》すべきことを指示している。これらの文書はいずれも嘉禎四年に発給されており、とくに「六〇　足利義氏寄進状」の宛名が、「金剛三昧院中納言法眼御房」となっていることなどから見ても、嘉禎四年には隆禅が住持であったと見てよいと思われる。覚心の世代順についても、「金剛三昧院住持次第」の記事がより明確であり、第六世であったとする方が妥当であろう。

「金剛三昧院紀年誌」は、『金剛三昧院文書』の諸記録を基としてまとめられたようで、嘉禎三年に隆禅が第二世となったこと、暦仁《りやくにん》元年（嘉禎四年）に美作国大原保が大仏殿《だいぶつでん》領として寄進されたこと、正嘉元年覚心が第六世となったことなどを列挙している。

隆禅については、もう一つ興味深い問題がある。それは、永平寺《えいへいじ》（福井県）を開いた日本曹洞宗の開祖道元（一二〇〇—五三）が、入宋《につそう》中に「隆禅」と称する日本人僧に遭遇しているということである。それについては、栄西門流と道元の関係という視点から、次節で検討する。

行勇門下としての無本覚心

無本覚心《むほんかくしん》（一二〇七―九八）は、『元亨釈書』第六巻浄禅の項に立伝されている（『大日本仏教全書』一〇一、二〇八ページ）。心地房《しんちぼう》の号を持ち、東大寺で登壇受戒したのち、高野山に登って行勇に参随し、さらに入宋して無門慧開《むもんえかい》（一一八三―一二六〇）に学び、帰朝後に金剛三昧院住持となった。時間的に長く参じたのは行勇であるが、結果的には無門慧開の法嗣となり、由良（和歌山県）西《さい》方寺《ほうじ》（のちの興国寺）を中心として展開した覚心の系統は、臨済宗法燈《ほっとう》派として栄える。その禅風は、単に無門から受け継いだ宋朝禅ではなく、むしろ行勇から受けた密教色の強

図19　無本覚心像（興国寺所蔵）

い兼修禅であった。それが後世になって、栄西門流としてではなく、中国伝来の禅宗という印象が強まるのは、中国の禅僧に直接嗣法したためでもあるが、師無門慧開から、禅の公案集《こうあんしゅう》として知られる『無門関《むもんかん》』を授けられて帰国したことが大きい。覚心その人の禅風については、具体的なことは明らかではなく、覚心が定めた「粉河寺《こかわでら》誓度院規式」などは、密教色の強いものである。また、時宗《じしゅう》の一遍智真《いっぺんちしん》（一二三九—八九）や西大寺《さいだいじ》（奈良県）叡尊《えいぞん》（一二〇一—九〇）、泉州《せんしゅう》（大阪府）久米田寺《くめだでら》の禅爾《ぜんじ》など、他宗派の僧との関係が知られており、その点からも兼修禅を唱えたと見られるのである。ところが『無門関』は、禅の公案集として『碧巌録《へきがんろく》』と並んでよく用いられ、今日の臨済宗においても、その傾向は変わっていない。したがって、その将来者である覚心についても、室町期の臨済宗において法燈派の独立性が高まるにつれ、覚心が栄西門流であるという見方はしだいになくなり、『無門関』を日本に持ち帰った「禅僧覚心」というイメージに統一されていくのであろう。

もう一つの要因は、量的にもっともまとまった伝記である『法燈円明国師《えんみょうこくし》行実年譜』（『続群書類従』九上、以下『行実年譜』と略）が、禅僧としての覚心像の確立を意図しているということである。『行実年譜』は、永徳《えいとく》二年（一三八二）ごろに興国寺に止住した自南《じなん》聖薫《しょうくん》が、「師平生随身之本」と「慈願《じがん》上人《しょうにん》所草録、師之縁起」を基にしてまとめたものであるが、聖薫が基づいたこれらの史料は現存していない。この二史料の間にも伝承の違いがあり、覚心の行実を考える上で、いくつかの問題を含んでいる。全体を眺めてみると、若年期の密教研鑽については触れているものの、西方寺に入って以降のさまざまな人との交渉、たとえば一遍・叡尊・禅爾などとの関わりについては言及せず、禅僧としての姿を強調しているように思われる。

覚心の受戒年次

覚心の行実における最初の問題は、『行実年譜』自体が述べているように、東大寺における登壇受戒の年齢について、前に挙げた二史料に違いがあることである。「師平生随身之本」は、「牒文」および「治部省与剃度牒《じぶしょうよていどちょう》」に基づいて、嘉禎元年（一二三五）十月二十日、信州近部《ちかべ》県（長野県）神宮寺の童行覚心《ずんなんかくしん》が、二十九歳で戒壇院において登壇受戒した、と記している。「慈願上人所草録、師之縁起」は、登壇受戒の年を「乙酉嘉禎元秋、師歳十九」（原文のまま。覚心十九歳は嘉禄元年であるところを、嘉禎元年と誤っている）とし、受戒の後に高野山に登り、伝法院覚仏《でんぽういんかくぶつ》・金剛三昧院行勇・正智院《しょうちいん》道範などから密教を学んだことを述べている。『行実年譜』の編者聖薫自身も、両書が共通して、大和三輪《やまとみわ》の蓮道《れんどう》法師から密教を学んだことを、嘉禎元年二月四日と述べていることから、前書に従えば、受戒から行勇に参ずるまでの期間に、多くの記事が集中し過ぎていることを指摘し、後書には、のちに緊密な関係となる由良の地頭願性《じとうがんしょう》（?―一二七六）からの密教相承が記されていないこと、建治《けんじ》二年（一二七六）に願性が示寂したさい、出会いからの年月を「四十余載」と、覚心自身が回想していることと矛盾すると述べている。結局、聖薫は公式記録を重視する意味で、戒牒《かいちょう》に基づいた嘉禎元年二十九歳説を採用している。

覚心の伝記としては中心となるべき『行実年譜』が二十九歳説を採っているにもかかわらず、その他の伝記史料や僧伝は、ほとんど十九歳説を採っている。覚心在世中に門人覚勇がまとめたものに基づく『法燈国師之縁起』には、十九歳のとき、熊野《くまの》参詣の道者《どうじゃ》に伴われて東大寺を出発したとある。西礀子曇《せいけんしどん》（一二四九―一三〇六）が撰した『塔銘』（寛永二十年刊『行実年譜』三三丁右）も十九歳で受戒とし、『高野春秋編年輯録』は、嘉禄元年（一二二五）条に東大寺より覚心が至ったことを伝えている（『大日本仏教全書』一三一、一四五ページ）。『開山行状幷足利霊符』所収「行勇禅師年考」は、同じ記事を嘉禄二年の条に挙げているが、同書の草稿とも思われる『金剛三昧院文書』所収「行勇禅師年考草」は、元年条に挙げるとともに、「翌二年非ナリ」と註記している。『元亨釈書』『延宝伝燈録』

『本朝高僧伝』も、すべて十九歳説である。

この問題が二説に分かれる理由の一つは、覚心が二十九歳のときの「嘉禎元年乙未《きのとひつじ》」と、十九歳のときの「嘉禄元年乙酉《きのととり》」という年号および干支《かんし》が、共に紛らわしいという点である。『行実年譜』（群書類従本）の編者自南聖薫がまちがったのか、「慈願上人所草録、師之縁起」自体の記述がまちがっているのかは不明だが、十九歳説についてであるにもかかわらず、「乙酉嘉禎元秋、師歳十九」と、年号を誤っているのも、それが原因と思われる。『高野春秋編年輯録』安貞《あんてい》元年（一二二七）十月十五日条に、西方寺開創のおりに覚心が願性とともに由良の地に遊化《ゆけ》したとあり（『大日本仏教全書』一三一、一四六ページ）、このころ両者の交流が始まったとすれば、願性が示寂する建治二年（一二七六）までちょうど五十年となる。覚心と願性の関係について、覚心自身が「四十余載」と述懐している点とは、『行実年譜』がいうように合致しない。十九歳説・二十九歳説のいずれが正しいかは、現時点では断じがたいが、『行実年譜』以外の諸史料がいずれも十九歳説を採っているのは、行実全体から考えてより妥当であるからであろう。

覚心の参学と入宋

行勇会下《えか》における覚心の参学は、具体的にはほとんど不明である。『行実年譜』や『高野春秋編年輯録』は、延応元年（一二三九）鎌倉寿福寺に帰る行勇に覚心が随伴したことを伝えている。「行勇禅師年考」は、安貞元年（一二二七）条に紀綱《きこう》職に就任したとしているが、紀綱職が禅院の運営を担う重職であることを考えると、安貞元年にはいまだ二十一歳の、帰投後まもない青年僧に勤まったかどうか、という点で疑問が残る。ただ、金剛三昧院については隆禅がおもに寺務を司っていたこともあり、あるいは覚心の方は、つねに行勇のそばを離れることなく、随身参学したということかも知れない。

行勇は、仁治《にんじ》二年（一二四一）七月五日、鎌倉寿福寺で示寂する。『行実年譜』によれば、翌三年に深草極楽寺《ふかくさごくらくじ》（興聖寺《こうしょうじ》）の道元を訪れ、菩薩戒を授けられているが、覚心と道元の関係については次節で述べる。

その後、『行実年譜』によれば宝治《ほうじ》元年（一二四七）、栄西門下において師行勇と同門であった、上州世良田長楽寺の栄朝に参じたが、その年に栄朝は示寂し、翌二年甲斐心《かいしん》行寺生蓮《じしょうれん》に就いて、のちの寿福寺長老蔵叟朗誉《ぞうそうろうよ》とともに九旬（九十日間）安居《あんご》（寺院に止住して坐禅修行すること）している（『続群書類従』九上、三五〇ページ）。このとき、坐禅《ざぜん》中に胸から多くの小蛇が出るのを見て、これまでの学問的理解が真の仏法ではないと悟ったとあり、入宋求法《にっそうぐほう》の志を発したことを示唆しているように思われる。この年の夏末に京に上って、勝林寺天祐思順《しょうりんじてんゆうしじゅん》（生没年不詳）に参じ、翌宝治三年（一二四九）正月十六日、入宋の志を発した。勝林寺を辞するに際して思順から偈《げ》を贈られ、二月に由良を出発している。『本朝高僧伝』には、勝林寺を辞した覚心が東福寺に赴き、円爾《えんに》からその師無準師範《ぶじゅんしばん》（一一七八―一二四九）への参学を勧められ、入宋後、円爾の紹介状を携えて径山《きんざん》に登ったが、すでに無準は示寂していたことが述べられている（『大日本仏教全書』一〇二、二八七ページ）。

寛永《かんえい》二十年（一六四三）の版本『行実年譜』（二七丁右）にもこの記事があり、あるいは『本朝高僧伝』もこれを承《う》けたかと思われるが、併せて「師恵峰《けいほう》（恵日山《えにちさん》東福寺）会裏《えり》に在って紀綱職に居ること久し」とあり、覚心がかなりの期間東福寺に止住して、紀綱職を勤めたことを述べている。行勇示寂後の覚心の行動を見てみると、仁治三年（一二四二）道元に受戒して以後、宝治元年（一二四七）に栄朝に参ずるまでの六年間、『行実年譜』の記事が途絶え、その後入宋までの三年間は非常に慌《あわただ》しくなっている。版本『行実年譜』がいうように、ある程度の期間にわたって東福寺の紀綱職にあったとすれば、正月十六日に勝林寺を辞したのち、二月に由良を出発するまでの間ではありえず、むしろ『行実年譜』の空白期間である六年間の、ある時期と見る方が妥当である。

円爾は入宋前、栄朝に次いで行勇にも参じており、その因縁《いんねん》を考えれば、覚心が円爾に参ずることも当然といえる。道元についても、『開山行状并足利霊符』に行勇への参学を示唆する記事がある。つまり師寂後の諸師歴参は、無作為に行われたものではないということになる。行勇について、従来いわれていないものの、その入宋の可能性があることを前に指摘したが、隆禅についても、入宋経験があると思われる。それを踏まえるならば、道元・円爾・思順に歴参したのも、彼らが当時著名な入宋経験者であったからであり、覚心は行勇会下においてすでに入宋求法を思い立ち、かつ予定していたとも見得る。あるいは示寂直前の行勇が、かつて自らの会下に参じた縁によって、覚心に参随を指示したとも考えられる。行勇と道元の関係、隆禅の入宋経験についても、覚心との関係を含めて次節で述べることにする。

行勇門下の、中納言法印隆禅と無本覚心について、その行実におけるいくつかの問題点を検討してみたが、栄西から行勇に継承された「密禅併修」は、どちらかといえば、中国人禅僧である無門慧開の法嗣となった覚心に受け継がれたと思われる。したがってその禅風は、必然的に法燈派の禅風として展開していくのである。そうなると、法燈派と並んで栄えた聖一《しょういち》派の禅風が、釈円房栄朝を通じて栄西から伝えられたものかどうか、という点についても考えなければならない。しかし、現時点では未検討であるので、今後の課題としたい。

栄西門流と道元

明全と道元

前にも述べたように、行勇《ぎょうゆう》とは栄西会下《えいさいえか》の同門である明全《みょうぜん》は、その弟子道元《どうげん》との関わりにおいてのみ言及されることが多い。明全に関する史料についても、ほとんど曹洞宗《そうとうしゅう》関係のものに限られる。例外的に、栄西関係の史料に明全が登場するものとして『千光法師祠堂記《せんこうほっししどうき》』があり、栄西《ようさい》示寂《じじゃく》の十年後、天童山《てんどうさん》にあった明全が、栄西の忌日七月五日に「楮券千緡《ちょけんせんびん》（紙幣）」を喜捨《きしゃ》して供養した、と伝えている（『続群書類従』九上、二七三ページ）。

道元が明全に参学したことは、道元・懐奘《えじょう》・義介《ぎかい》の師資《しし》三代の伝記である『三祖行業記』『三大尊行状記』をはじめ、道元と並んで日本曹洞宗の両祖と仰がれる瑩山紹瑾《けいざんじょうきん》が著

図20　天童山　筆者撮影

した『伝光録《でんこうろく》』『洞谷記《とうこくき》』、さらに後世の史料も一致して伝えるところであり、まちがいのないところであろう。道元自身『辦道話《べんどうわ》』に、

ちなみに建仁《けんにん》の全公をみる。あひしたがふ霜華、すみやかに九廻をへたり。いささか臨済《りんざい》の家風をきく。全公は祖師西和尚の上足として、ひとり無上の仏法を正伝せり、あへて余輩のならぶべきにあらず

（岩波文庫『正法眼蔵《しょうほうげんぞう》』一、一二ページ　以下同書は岩波文庫本を典拠とする）

と述べて、参学の事実を明かしている。また明全が栄西門下において並ぶ者がないほどの人物であり、栄西の仏法を正しく嗣《つ》いだことを述べている。同じことを『伝光録』は、

カノ明全和尚ハ顕密《けんみつ》心ノ三宗ヲツタエテ、

ヒトリ栄西ノ嫡嗣タリ、西和尚、建仁寺ノ記ヲ録スルニ曰、法蔵ハタダ明全ノミニ嘱ス、栄西ガ法ヲトブラワントオモフトモガラハ、スベカラク全師ヲトブロフベシ

（『曹洞全書』宗源下、三九一ページ）

と伝えている。しかし、現実には、栄西門下においては行勇・栄朝《えいちょう》を双璧とすべきであり、明全はあまり知られているとはいえない。道元の評価がきわめて高いものであるだけに、多少不自然な感じがしないでもない。

道元が明全を高く評価する大きな理由は、明全自身が在宋中に天童山で客死した、ということであろう。

明全の示寂

『正法眼蔵随聞記《ずいもんき》』によれば貞応《じょうおう》二年（一二二三）明全は、病床の受業師《じゅごうし》明融阿闍梨《みょうゆうあじゃり》の懇請を振り切り（春秋社『道元禅師全集』七、一三八ページ　以下同書については春秋社本を用いる）、道元・高照《こうしょう》・廓然《かくねん》等を伴って渡海、初め明州《みんしゅう》（浙江《せっこう》省寧波《ニンポー》市）の景福律寺《けいふくりつじ》を訪れ、次いで天童山に登って無際了派《むさいりょうは》（一一四九―一二二四）に参じた。道元は入宋《にっそう》直後、明全と別行動をとるが、やがて天童山で再会する。無際了派の示寂後、後住として天童山景徳寺《けいとくじ》に入ったのが、道元が生涯の正師と仰ぐ如浄《にょじょう》である。ところが、如浄と直接に対面した直後ともいえる宝慶《ほうきょう》元年（一二二五）五月二十七日、比叡山《ひえいざん》を下りた道元をここまで導いてくれた明全が、天童山の了然寮《りょうねんりょう》で示

寂したのである。明全の客死については、道元自身が認めた記録として、「舎利相伝記《しゃりそうでんき》」「明全戒牒奥書《みょうぜんかいちょうおくがき》」(『道元禅師全集』七、二二六・二三四ページ)が遺っている。

『開山行状弁足利霊符《かいさんぎょうじょうならびにあしかがれいふ》』の「行勇禅師年考」嘉禄《かろく》二年(一二二六)条に「同三月、明全宋地に寂す、師訃音《ふいん》を聞き、嘆いて云く、惜しむべし祖家の一隻を失うことを」とあり、行勇が明全の示寂を知って悼んだことを伝えているが、道元が明全の舎利《しゃり》を携えて帰国するのは、翌安貞《あんてい》元年(一二二七)のことである。行勇はどういう経路で明全の示寂を知り得たのであろうか。商人などの往来は頻繁であり、今日想像する以上に情報の流通は円滑であったかも知れないが、前に述べた行勇自身の入宋問題との関係についても、検討の余地がある。同時に、「祖家の一隻」という表現は多分に追悼の意を込めてであろうが、臨《りん》済宗《ざいしゅう》関係の史料に明全が登場する数少ない例として、注意しておきたい。

道元は叡山で出家し、のちに三井寺《みいでら》の公胤《こういん》の指示によって建仁寺《けんにんじ》に赴くのであるが、生前の栄西と相見したのかどうか、時間的には非常に微妙であり、実際には相見しなかったとする説が有力である。従来は、大久保道舟氏が『道元禅師伝の研究』(八三ページ)において、周到な相見説を展開され、定説化するかに見えたが、その後、古写本『建撕記《けんぜいき》』など新出史料の発見もあり、鏡島元隆《かがみしまげんりゅう》氏が否定的な見解を示されている(『道元禅師とその周辺』「栄西道元相見問題について」)。現時点では鏡島説がもっとも妥当と思われる。しかし、栄西示寂直後には建仁寺に関係を持っていたのであるし、明全の舎利を携えて帰国したのちも、五年にわたって建仁寺に滞在するのであるから、通算すれば相当の期間、建仁寺に止住したことになる。にもかかわらず、道元が臨済禅の薫陶を受けたのは明全からとされ、それ以外の人との関係は、ほとんど言及されてこなかったのである。

道元と行勇

『開山行状并足利霊符』所収の、散文の行勇伝である「開山勇禅師行状」には、行勇に参じた人として、大歇了心《だいかつりょうしん》・妙寂全玄《みょうじゃくぜんげん》(?―一二五七)・隆禅《りゅうぜん》などの法嗣《はっす》のほかに、無本覚心《むほんかくしん》・栄朝《えいちょう》・円爾《えんに》・妙見堂道祐《みょうけんどうどうゆう》(一二〇一―一二五六)・道元を挙げている。覚心と円爾については行勇への参学が伝えられているが、栄朝・道祐・道元については、僧伝類にも行勇参学ということは伝えられていない。ただ道元の場合は、その伝記である『建撕記《けんぜいき》』(明州本《みんしゅうぼん》)に、

> 御弟子明全は、あるいは仏樹、あるいは行勇禅師と申すなり。栄西入滅已後は行勇に問法すと、云々
>
> (『諸本対校建撕記』八ページ)

とあり、明らかに明全と行勇を混同した記述ではあるが、栄西の示寂後、道元が行勇に問

法したことを伝えている、と理解できなくもない。古写本『建撕記』の諸本のなかで、延《えん》宝《ぽう》本・門子《もんす》本・元文《げんぶん》本も、多少の異同はあるものの、ほとんど同じ内容を伝えている。ただし瑞長《ずいちょう》本および面山瑞方《めんざんずいほう》の訂補本には、行勇の名は見られない（いずれも『諸本対校建撕記』参照）。とはいえ古写本『建撕記』の四本までが、行勇への参学を伝えていることは、検討の俎上《そじょう》に載せてもよいのではないだろうか。

従来の曹洞宗史において、道元と行勇の関係が問題とされないのは、道元自身が明全をきわめて高く評価し、行勇の名を挙げることをまったくしないからである。しかし、道元

図21　道元像（宝慶寺所蔵）

の建仁寺止住期間から考えても、栄西示寂後の僧団を継承したという点でも、道元が行勇を知らないはずはなく、むしろまったく接触がなかったとすれば不自然である。道元の撰述などに行勇の名が見えないことからみて、道元にとって行勇は求むべき正師ではなかったのであろうが、叡山を下った道元が、ただちに明全に師事したかどうかは、必ずしも明らかではない。言い換えれば、行勇・明全を含めた栄西門下、ないしは建仁寺山内《さんない》の人たちに歴参したのち、明全を師として選択したという可能性も否定できない。

明全の宗風

明全の歴史的役割をどの程度に評価するかは措くとしても、道元が大きな影響を受けたことはまちがいない。その明全の宗風《しゅうふう》とはどのようなものであったのであろうか。道元の認《したた》めた「明全戒牒《かいちょう》奥書」によれば、明全は入宋《にっそう》の直前、後高倉院《ごたかくら》に菩薩戒《ぼさつかい》を授けたとある。明全が戒律《かいりつ》に精通しており、しかも持戒堅固な人であったことは、諸書が伝えるところである。しかし、明全の宗風はこれだけではなかったと思われる。たとえば『伝光録』にも、明全が栄西の嫡嗣であって、「顕密心ノ三宗」つまり顕教《けんぎょう》・密教《みっきょう》・禅を伝えていることが述べられているし、道元が明全から学んだことを、

師、ソノ室ニ参ジ、重ネテ菩薩戒ヲウケ、衣鉢《えはつ》等ヲツタエ、カネテ谷流ノ秘法一百三十四尊ノ行法、護摩《ごま》等ヲウケ、ナラビニ律蔵ヲナライ、マタ止観《しかん》ヲ学ス。ハジメテ臨

済ノ宗風ヲキキテ、オオヨソ顕密心三宗ノ正脈、ミナモテ伝受シ、ヒトリ明全ノ嫡嗣タリ

（『曹洞宗全書』宗源下、三九一～三九二ページ）

と記している。もちろん、ここに「明全の嫡嗣」とあるからといって、道元が栄西の兼修禅、つまり密禅併修《みつぜんへいしゅう》の禅風を継承したわけではない。しかし、少なくとも明全は顕・密・戒・禅を兼ね修したのであり、弟子である道元もそれを受けたと、『伝光録』は伝えているのである。また『三大尊行状記』にも、

明全和尚に従い、なお顕密の奥源をきわむ。律蔵《りつぞう》の威儀《いぎ》を習い、兼ねて臨済の宗風を聞く

（『曹洞宗全書』史伝上、一二ページ）

とあり、やはり道元が明全から顕・密・戒・禅を併せ受けたことを伝えている。この四宗を併せ修することは、最澄が唱えた四宗相承《ししゅうそうじょう》（円・戒・禅・密）の仏法であり、とりもなおさず、最澄への復古を意図した栄西の宗風といえる。こうした点から見る限り明全自身は栄西の宗風を、忠実に受け継いでいたというべきであろう。『建撕記』には「栄西の室に入る」（『諸本対校建撕記』八ページ）などの語があり、法座《ほうざ》に連なって説法を聞くとい

う程度のことはあったかも知れないが、前にも述べたように、道元が直接栄西に対面ないし対話した可能性は、現時点では低いといわざるを得ない。しかし、明全の宗風が右に述べたようであるとしたら、道元は明全を通じてかなり正確な栄西像を把握していた、と見ることができるのである。

建仁寺帰投の目的

三井寺公胤が道元に与えた指示は、端的にいえば禅を学ぶこと、そのために入宋すること、さらにそのために建仁寺へ行くことであった。本章で述べてきたように、栄西門流、言い換えれば建仁寺僧団には、かなりの数の入宋経験者がいた可能性が高く、その意味で当時の建仁寺は、渡海入宋に関する情報を入手しやすい環境にあったと考えられるのである。道元が、入宋のきっかけを求めて建仁寺へ赴いたとすれば、とりあえず指導的立場にある人物に接触しようとするのが自然であり、それはやはり、明全ではなく行勇であったといわざるを得ない。根拠に乏しい想像でしかないものの、道元と明全が接近することになったのは、おそらく明全自身が現実に入宋を計画していたからで、明全の侍者として随行すれば、入宋の手続きも比較的容易だったからだと思われる。明全の入宋を許可した院宣《いんぜん》や幕府の下知状《げちじょう》に、「侍者道元」の名が記されていることも、それを物語っているのではないだろうか。

具体的に入宋を計画していたというのが、道元が明全に就いた理由であったとして、それだけが明全に随身した理由ではないことを伝えるのが、前に触れた『正法眼蔵随聞記《しょうぼうげんぞうずいもんき》』のエピソードである。すなわち入宋を計画していた明全に、重病の床に就いていた叡山での師明融阿闍梨が、末期《まつご》を看取《みと》るまで渡海を延期するよう懇願し、同輩や門弟も師の希望に副うことが報恩であるというのに対し、明全は、末期を看取るにしても死期を延ばすことは不可能であり、たとえ志半ばで倒れようとも入宋求法を敢行することが、結果として師恩に報いることになると、毅然として言い放ったのである。おそらく道元は、栄西の禅風を忠実に継承していた明全ではなく、仏法に対して示した明全の志の高さ、いわば類《たぐい》まれな求道者としての明全をこそ、尊崇してやまなかったのであろう。

入宋後、道元と明全は別行動をとったと思われ、その原因は、道元の入宋手続きが十分ではなかったからとされている。そのことについても多くの議論があり、興味深い問題ではあるが、本書の主題とは離れる部分もあるので、ここでは触れないでおく。ただ道元にとって、明全が自分の求める仏法を体現していたわけではないことが、別行動をとったことからも察せられるのである。

道元の嗣書閲覧と隆禅

退耕《たいこう》行勇の弟子である中納言《ちゅうなごん》法印隆禅についても、道元との関係を検討する必要がある。それは、道元が入宋中に「隆禅」と称する日本人僧に遭遇している、ということである。そのことに関連する記事が、『永平広《えいへいこう》録《ろく》』巻十（『道元禅師全集』四）、『宝慶記《ほうきょうき》』（同書七、一〇ページ）、長円寺《ちょうえんじ》本『正法眼蔵随聞記』巻二（同書七、六五ページ）のほか、『伝光録』（『曹洞宗全書』宗源下）『訂補建撕記』（『諸本対校建撕記』）などに見られるが、道元自身が『正法眼蔵』「嗣書《ししょ》」の巻に、嘉《か》定《てい》十六年（一二二三）の秋に隆禅の斡旋で仏眼清遠《ぶつげんせいおん》（一〇六七—一一二〇）派の嗣書を閲覧したことを、

> 嘉定のはじめに・隆禅上座、日本国人なりといえども、かの伝蔵やまいしけるに、隆禅よく伝蔵を看病しけるに、勤労しきりなるによりて、看病の労を謝せんがために、嗣書をとりいだして、礼拝せしめけり。みがたきものなり。「与你礼拝（おがませてやろう）」といひけり。
>
> それよりこのかた、八年ののち、嘉定十六年癸未あきのころ、道元はじめて天童山に寓直するに、隆禅上座、ねんごろに伝蔵主《でんぞうす》に請じて、嗣書を道元にみせし
>
> （『正法眼蔵』二、三八〇ページ）

と述べている。隆禅は嗣書の所持者である「伝蔵主」を看病したことがあり、計算上はその時期、つまり嘉定八年ごろには在宋していたことになる。「嘉定八年」が「嘉定のはじめ」になるかどうかは、微妙なところであると思われるが、現時点では矛盾しないと理解されている。

『永平広録』巻十には「郷間の禅上座に与う」と題された偈頌《げじゅ》があり（『道元禅師全集』四、二六八ページ）、『宝慶記』には、「問うて云く、菩薩戒とは何ぞや」という道元の問いに対して、師如浄の「今、隆禅が誦《じゅ》するところの戒序なり、小人・卑賤の輩《やから》に親近《しんごん》することなかれ」（同書七、一〇ページ）という答が見られる。状況から考えて、これらの史料に登場する「隆禅」は、道元が『正法眼蔵』で述べている「隆禅」と同一人物であると見てまちがいないと思われる。長円寺本『正法眼蔵随聞記』第二には、

是れに依つて一門の同学五根房（流布本は五眼房）、故用祥《ようじよう》僧正の弟子なり、唐土の禅院にて持斎を固く守りて、戒経を終日誦せしをば、教へて捨テしめたりしなり

（『道元禅師全集』七、六五ページ）

とある。内容的には『宝慶記』の記事に通じるものであり、この点を踏まえて水野弥穂子氏は、五根房は『宝慶記』のいう隆禅であろうと推測されている（筑摩書房『正法眼蔵随

聞記』四四ページ）。「用祥僧正」とは「葉上《ようじよう》僧正」、すなわち栄西のことであるから、水野氏の推測に従えば、道元は如浄会下において、栄西門下の隆禅と同参であったということになり、その隆禅が嗣書閲覧の便宜を計ってくれたことになる。

『伝光録』の記述は、ほぼ『正法眼蔵』「嗣書」に等しいが、『正法眼蔵』が「嘉定のはじめ」から「嘉定十六年秋」までを「八年ののち」としているところを、「半年をへて」としている（『曹洞宗全書』宗源下、三九三ページ）。道元下三世の法孫である瑩山紹瑾《けいざんじようきん》（一二六八―一三二五）が著したという点で、『伝光録』の信憑性は高いものといえるが、文脈の上で考えて、この部分の記述は不適当である。

入宋僧隆禅

面山瑞方《めんざんずいほう》（一六八三―一七六九）の『訂補建撕記』では、このエピソードに対する補注で、嗣書の所持者である伝蔵主を大慧派の枯木良伝《こぼくりようでん》としているが、それでは道元自身が伝蔵主を仏眼清遠の法孫としていることと齟齬《そご》してしまう。また、隆禅を藤原定家《ていか》の弟の寂蓮《じやくれん》の子としているが、『尊卑分脈《そんぴぶんみやく》』で見る限り、寂蓮は定家の弟ではないし、面山のいう隆禅は実際には寂蓮の孫である（『諸本対校建撕記』一四一ページ）。面山がいかなる史料に基づいたかは不明であるが、『訂補建撕記』自体にかなり恣意《しい》的な改竄《かいざん》が見られ、その記事の採用には慎重を要する。この部分の補注も、いまのところ信頼することはできない。

以上の史料を総合していえることは、道元が明全に従って入宋するより早く、嘉定八年以前に入宋し、道元とともに如浄に参じた隆禅という僧がおり、しかもその隆禅は栄西門下で、両者にはかなり緊密な交流があったらしい、ということである。問題は、この隆禅と行勇の弟子である隆禅が、同一人物であるか否かであるが、この点に言及した論文に、原田弘道氏「道元禅師と金剛三昧院隆禅」（『印度学仏教学研究』二三―二）、同氏「日本曹洞宗の歴史的性格（二）道元禅師と隆禅・覚心との交渉をめぐって」（『駒澤大学仏教学部論集』第五号）、および中世古《なかせこ》祥道《しょうどう》氏『道元禅師伝研究』があり、原田氏は同一人物説に肯定的であるし、中世古氏は否定的である。『開山行状幷足利霊符』「行勇禅師年考」が伝えるように、中納言法印隆禅が行勇に帰投したのが建暦《けんりゃく》元年（一二一一）として、建保《けんぽ》三年（一二一五）に示寂した栄西の薫陶を受ける機会があったかどうか、微妙なところである。とくに隆禅は、主として高野山《こうやさん》に止住していたのであり、関東へ下向したとしても、その時期は延応《えんのう》年間（一二四〇年ごろ）で、栄西示寂のはるかのちである。そうであるならば、道元が隆禅を「用祥僧正の弟子」といっていることは、正確な表現ではないことになる。流布本『正法眼蔵随聞記』のいう隆禅の房号《ほうごう》「五眼房」は、中納言法印隆禅の房号である「仏眼房」に似ているが、長円寺本では「五根房」であり、根拠とするには曖昧《あいまい》過ぎる。

中納言法印隆禅と道元

同一人物であるか否かをしばらく措いて、中納言法印隆禅と、道元と関わった隆禅に関する諸史料の記録を、時系列に並べてみると、以下のようになる。

建暦　元（一二一一）金剛三昧院《こんごうざんまいいん》開創
　　　　　　　　　　隆禅、行勇に帰投
嘉定　八（一二一五）隆禅、伝蔵主を看病
　　十六（一二二三）道元、嗣書を閲覧
安貞　元（一二二七）道元、帰国
嘉禎　三（一二三七）隆禅、金剛三昧院住持となる
　　　四（一二三八）足利義氏《よしうじ》、金剛三昧院所領として美作《みまさか》国大原保《おおはらのほ》を寄進
延応　元（一二三九）行勇、金剛三昧院から覚心を伴って鎌倉寿福寺《じゅふくじ》に移る
　　　二（一二四〇）蔵円房《ぞうえんぼう》悟暹《ごせん》、金剛三昧院第三世住持となる
　　　　　　　　　　隆禅、関東に下向

仁治　二（一二四一）行勇、鎌倉で示寂
建長　六（一二五四）覚心、宋より帰朝、金剛三昧院で隆禅に謁す
正嘉　元（一二五七）隆禅、鎌倉大慈寺《だいじじ》供養の供僧として随喜するか
永仁　二（一二九四）隆禅、高野山丹生社《にうしゃ》頭で異国降伏の祈薦を修す

結局、道元と隆禅との交渉は、時間的には中納言法印隆禅の事績のなかに包含されているが、中納言法印隆禅が入宋したかどうかについては、一切伝えられていない。ただ、法祖父栄西は二度まで入宋し、師行勇も入宋を伝える史料があり、行勇会下の同参である覚心も入宋しているし、やはり師を同じくする大歇了心も入宋している。つまり、栄西下、行勇の門流のほとんどが入宋経験を持っているわけであり、時間的には隆禅が入宋した可能性は否定できない。もっとも、隆禅が入宋したとすれば、その在宋期間は少なくとも嘉定八〜十六年を含むはずであり、十年前後に及ぶことになる。行勇が隆禅を金剛三昧院の監寺《かんす》に任じ、寺務を司らしめたこととの関連が問題となるが、入門してすぐに監寺に充てたと考えるよりも、十年に及ぶ在宋修行を了《お》えて帰朝した隆禅に、寺務を任せたと見る方がより自然ではある。また、前に述べたように、道元がたとえ短期間であれ、行勇に参じたことがあるとすれば、隆禅とは旧知であったか、あるいは面識がなくとも同参という誼《よしみ》

はあったと思われる。道元が隆禅の斡旋《あっせん》で嗣書を閲覧したのは、嘉定十六年（一二二三）、すなわち入宋した年であり、嗣書閲覧というような重大事の斡旋を得たのは、日本人同士というだけではない、より大きな好意があったと見得るのではあるまいか。さらに推測を重ねれば、行勇が法兄弟明全の宋地での客死を、道元の帰国以前に知り得た事情とは、隆禅の帰国時期に関連するのではないか、とも考えられる。しかしながら、隆禅の入宋と道元との関係については、すべて仮説にすぎず、直接それを証明するような史料は確認されていない。現時点では一応作業仮説ながら、道元が中国において、行勇門下の隆禅と関わった可能性が高い、としておく。

無本覚心と道元

行勇が仁治二年（一二四一）七月五日に示寂したのち、『行実年譜』によれば、覚心は翌三年に深草極楽寺《ふかくさごくらくじ》（興聖寺《こうしようじ》）の道元を訪れ、菩薩《ぼさつ》戒《かい》を授けられている。「元（道元）入宋のとき、天童浄和尚（如浄）より相伝の血脈《けちみやく》なり」（『続群書類従』九上、三五〇ページ）とあり、このときに受けた血脈は、道元が天童山において如浄から受けたものであることを述べている。このことは、道元の伝記である『建撕記』にも述べられている（『諸本対校建撕記』三四・四三ページ）が、諸本ともに『元亨釈書』（『大日本仏教全書』一〇一、二〇八ページ）の記事に基づいており、ごく簡単なも

図22　興　聖　寺

のである。『本朝高僧伝』（同書一〇二、二八七ページ）にもこの記事はあるが、行勇の示寂以前に入れるという誤りを犯している。この道元から覚心に授与された血脈は、原本は散逸したものの、奥書の写しが大分県泉福寺《せんぷくじ》に残っている（『道元禅師全集』六、二三〇ページ）。そこには、「大宋淳熙《じゅんき》己酉《つちのととり》（十六・一一八九）九月望日（十五日）」付の虚菴懐敞《きあんえしょう》によるものと、「大宋宝慶元年乙酉《きのととり》（一二二五）九月十八日」付の如浄によるものが併記され、最後に「正応《しょうおう》三年（一二九〇）九月十日」付で、覚心から心瑜《しんゆ》に授けられたことが記されている。つまり、この血脈には道元が如浄から受けた青原下《せいげんか》、つまり曹洞宗系と、明全から受けた南嶽《なんがく》下臨済宗系の、両系統の戒脈が併記されているのである。したがって、これが覚心の受けた血脈の原形を伝えるものであるならば、『行実年譜』の記事は正確ではないことになる。同じような事例で、道元が文暦《ぶんりやく》二年（一二三五）八月十五日、理観《りかん》という僧に授けた血脈の写しが、永平寺《えいへいじ》に現存している（同書二二六ページ）。これに記された戒脈は、栄西が受けた千命《せんみよう》・大山基好《だいせんきこう》・虚菴懐敞の三系統を、栄西―明全―道元―理観と継承したものである。理観については不明であるが、大久保道舟氏は、明全の弟子で天台系の僧であろうと推測されている。この二種の血脈がいずれも捏造されたものではないとすれば、要するに道元は、栄西の高弟行勇の門下であった覚心には、禅宗への志向が強いと見て、青原・南嶽両系統の菩薩戒を授け、なお天台宗の立場に留まっている理観には、栄西が虚菴から受けた臨済系に、円頓戒《えんどんかい》系を併せたものを授けた、と考えられるのである。すなわち、受戒を求める僧に対して道元は、その僧の立場ないしは希望に応じた形で戒脈を授けた、と見ることができる。

由良西方寺

覚心と道元との関係について付け加えれば、道元と由良西方寺《ゆらさいほうじ》（のちの興《こう》国寺《こくじ》）との関わりがある。すなわち『行実年譜』安貞元年（一二二七）十月十五日条に、建築途上の西方寺の寺号を、栂尾《とがのお》の明慧《みようえ》上人高弁《こうべん》が撰し、道元が額に篆《てん》書《しょ》したと述べられていることである（『続群書類従』九上、三四八ページ）。道元は安貞元年秋ごろ、明全の遺骨を抱いて帰国し、この時期、おそらく建仁寺《けんにんじ》に寓居《ぐうきょ》していたと思われるが、これを事実とすれば、帰国直後、ある意味で雌伏の期間にあった道元に揮毫《きごう》を依頼したのは誰で、いかなる理由によるものであろうか。覚心がこのことに関わっていたかどうかということになると、前に触れたように、『高野春秋編年輯録』安貞元年（一二二七）条に、西方寺開創のおりに覚心が願性《がんしょう》とともに由良の地に遊化したとあり、『開山行状并足利霊符』「行勇禅師年考」安貞元年条には、寿福寺の紀綱《きこう》職就任を挙げている。『行実年譜』などは、紀綱職就任を延応元年（一二三九）としており、覚心の行動に関する記録が錯綜していて、判断しがたいところである。もしも、いささかでも関わりがあったとすれば、両者の関係に必然性が増すことになる。

覚心ないし法燈派については、右に見た問題以外にも、曹洞宗の立場から見た問題点は少なくない。『洞上聯燈録《とうじょうれんとうろく》』によれば、覚心に道元下四世の瑩山紹瑾が参じたと伝えられ（『大日本仏教全書』一一〇、二二六ページ）、のちに覚心の法嗣である恭翁運良《きょうおううんりょう》（一二六七―一三四一）・孤峰覚明《こほうかくみょう》（一二七一―一三六一）が瑩山に参じ、瑩山は加賀大乗寺《かがだいじょうじ》（金沢市）の管理を長く恭翁に託す。さらに、瑩山門下の二神足（高弟）である峨山韶碩《がさんじょうせき》と明峰素哲《めいほうそてつ》が、いずれも恭翁に参じている。以後瑩山の門流と法燈派の僧は濃密な交流を持つことになる（拙稿「瑩山禅師と法燈派」『曹洞宗宗学研究所紀要』創刊号）。

道元と密禅併修

栄西の密教色の濃い禅風、すなわち「密禅併修《みつぜんへいしゅう》」は、行勇から覚心へ、そしておそらくは栄朝から円爾へと継承され、鎌倉初期の禅宗としては、それが主流であったと見るべきである。そして聖一派・法燈派の隆盛へとつながっていく。道元は、明全を通して栄西の別の面を見ていたようで、密禅併修にはまったく興味を示していない。いわば、密禅併修という当時の禅宗の一般的な傾向から、道元は「孤高」であったことになるが、そのことは別の機会に論じた（日本の名僧『孤高の禅師道元』参照）。しかしそれでも、道元と栄西門流ないし行勇門下との関わりは、法燈派を経由してではあるが、瑩山以降の曹洞宗に大きな影響を与える。しかもそれだけではなく、栄西とはライバル関係にありながら、禅風としてはやはり密禅併修の範疇であった大日房《だいにちぼう》能忍《のうにん》の門流、すなわち達磨《だるま》宗《しゅう》と道元との関係が、道元示寂後の永平寺僧団の維持運営と、さらには道元以降の曹洞宗の性格にも、影響を及ぼすのである。

道元僧団の構成メンバー

多武峰・波著寺系達磨宗

能忍示寂後の達磨宗

三宝寺《さんぽうじ》が達磨宗《だるましゅう》の根本道場であることは、前に考察したとおりであり、その意味では、京の東山から大和多武峰《とうのみね》（奈良県桜井《さくらい》市）へ移っていった覚晏《かくあん》（生没年不詳）の系統は、三宝寺から分派した、いわば傍系といわねばならない。しかし、では覚晏の系統を無視してよいかというと、初期日本曹洞宗《そうとうしゅう》教団史が、覚晏下の達磨宗を抜きにしては語れないという意味で、依然としてその重要性は変わらない。覚晏門下の懐奘《えじょう》（一一九八—一二八〇）が、深草《ふかくさ》（京都市伏見《ふしみ》区）に興聖《こうしょう》寺《じ》（現、宇治《うじ》市）を開創した道元《どうげん》に入門し、いったん門流を率いて越前《えちぜん》波著《はじゃく》寺（福井県）へ下向した同門の懐鑑《えかん》（生没年不詳）も、再び門流を率いて、興聖寺の道元会下《えか》に集団帰《き》投《とう》する。そして、その人たちによって初期曹洞宗教団、言い換えれば道元示寂《じじゃく》後の僧団が形成されたのである。とはいうものの、とくに覚晏や懐鑑については不明な部分が多く、そのことが初期曹洞宗教団史の解明にも少なからぬ影響を及ぼしている。

覚晏がどのような経歴なのかは、一切不明である。能忍《のうにん》在世中における覚晏の記録は確認できない。覚晏が語られるのは、弟子の懐奘ないしは懐鑑との関係においてであり、『永平広録《えいへいこうろく》』三（春秋社『道元禅師全集』三、一二六ページ）、『三祖行業記《さんそぎょうごうき》』（『曹洞宗全書』史伝上、四ページ）、『三大尊行状記《さんだいそんぎょうじょうき》』（同書一四ページ）、『日域洞上諸祖伝《にちいきとうじょうしょそでん》』（同書三九ページ）などで、わずかに触れられる程度である。

竹内道雄氏は、能忍の示寂を承元《しょうげん》年間（一二〇七—一一）であるとされ、覚晏が東山から多武峰に達磨宗徒を率いて入山する時期を、承元二年（一二〇八）の金峰山《きんぶせん》宗徒による焼き討ちという騒乱が落着したころと推定されている。さらに、覚晏は叡山横川《えいざんよかわ》系の学僧であり、早い時期に多武峰に入っていたが、能忍の禅風を聞いて参学し、その示寂後は一門を率いて再入山し、達磨宗の新たな拠点としたと推測されている（永平寺傘松会《さんしょうかい》『永平二祖孤雲懐奘禅師伝』）。ただし、能忍示寂を承元年間とされたのは、『聖光上人伝《しょうこうしょうにんでん》』（『続群書類従』九上、三二ページ）の能忍と弁長《べんちょう》との問答の記事の後にある元久《げんきゅう》元年（一二〇

(冒頭の続き) 四）の年記を、問答があった年のものと考えられた結果だと思われる。つまり竹内氏は、『本朝高僧伝《ほんちょうこうそうでん》』がいうように能忍が景清《かげきよ》に刺殺されたのではなく、刺されたものの傷は癒えて活動を続け、元久元年に弁長との問答があった、と推測されたのであろう。しかし、元久元年は次の記事の年記であるから、必ずしもその時点で能忍が存命中であったとはいえない。

覚晏とその門流

前に触れたように、景清の能忍殺害は単なる説話であっても、能忍が示寂した年代については、いちおう建久《けんきゅう》五年（一一九四）か六年とし、達磨宗法嗣《はっす》としての覚晏が多武峰に入山する時期を、竹内氏の推定どおり承元三〜四年ごろとすれば、結果的に覚晏は、約十五年間を京都東山で過ごしたことになる。また、多武峰が再び興福寺《こうふくじ》衆徒の襲撃を受けるのが、安貞二年（一二二八）四月のことであるから（『百錬抄《ひゃくれんしょう》』国史大系本、一六四ページ、『吾妻鏡《あずまかがみ》』国史大系本三、七〇ページ）、覚晏の多武峰在山は二十年近くに及ぶことになる。とすれば、東山および多武峰での覚晏の活動期間はけっして短いとはいえず、はたしてこの期間にどういう活動をしたのかが問題となる。

たとえば覚晏が東山にあった当時、栄西《えいさい／ようさい》は『興禅護国論《こうぜんごこくろん》』を撰述し、建仁寺《けんにんじ》や寿福寺《じゅふくじ》を建立し、鎌倉幕府の法要の導師を勤めるなど、もっとも盛んな活動期にあった。日蓮《にちれん》が能忍の活動を「建仁年中」（『開目抄《かいもくしょう》』『安国論御勘由来《あんこくろんごかんゆらい》』など）としているのは、実際には覚晏の活動を指したのか、それとも三宝寺自体の活動をいったものか、現時点では不明であるが、覚晏の活動がそれ自体として記録されていないことが、必然的に覚晏の印象を弱いものにしている。

懐奘が覚晏に参じた時期についても、明らかではない。竹内氏は、村上素道氏の貞応《じょうおう》二年（一二二三）という推定に同調されている（『永平二祖孤雲懐奘禅師伝』七五ページ）。諸伝が多武峰の覚晏に参じたとしているので、貞応二年を含む時期には違いないが、具体的な根拠は確認できない。参学の内容については、『三祖行業記』『三大尊行状記』『日域洞上諸祖伝』などが「見性成仏《けんしょうじょうぶつ》の旨を聞き、首楞厳経《しゅりょうごんきょう》の頻伽瓶喩《びんがびょうゆ》に至」って省悟（悟りを開く）したと伝えている（『曹洞宗全書』史伝上、四・一四・三九ページ）。いわばこれが、覚晏の学人接化《せっけ》の実態を伝える唯一の記事である。ただ僧団の規模については、『伝光録』が「三十余輩」といい（『曹洞宗全書』宗源下、三九八ページ）、『三祖行業記』は「学徒半百」といっている（『曹洞宗全書』史伝上、四ページ）ことから、三十～四十人ほどはいたようである。

懐鑑の覚晏への参学に至ってはほとんど不明である。越前波著寺下向《げこう》の時期についても明らかではない。竹内氏は、やはり安貞二年（一二二八）の興福寺衆徒による多武峰焼き討ちが契機となり、覚晏の命で新たな拠点を求めて越前に下り、覚晏・懐奘と連絡を保ちながら、門下の育成にあたっていたと推測されている。そして、そのことを前提として、仁治《にんじ》二年（一二四二）興聖寺における懐鑑とその門下の集団帰投があったとされるのである。これに対して大谷哲夫氏は、竹内氏の推論を承けて能忍の示寂を承元年間（一二〇七―一二）とされ、その後まもなく多武峰に入山する覚晏・懐奘の師資とは別に、懐鑑は自身の門下を率いて越前に下向し、波著寺系として分裂していったとされる（「日本達磨宗と二祖国師」『傘松』昭和五十年五月号）。

波著寺系達磨宗

　右の問題について、現時点で決定的な見解を提示することはできないが、相承物という視点から少し考えてみたい。懐奘の法嗣《はっす》となり、永平寺住持となった徹通義介《てっつうぎかい》（一二一九―一三〇九）は、曹洞宗の太祖とされる瑩山紹瑾《けいざんじょうきん》に嗣法《しほう》するさい、洞門《とうもん》の法に併せて達磨宗の法を伝えるとし、その証明として「嗣書助証」（『続曹洞宗全書』室中、四三七ページ）を授けている。そこには、阿育王山《あいくおうざん》の拙庵徳光《せつたんとっこう》が、練中《れんちゅう》・勝弁《しょうべん》に託して能忍に授けたものとして、「臨済家《りんざいけ》嗣書・祖師相伝血脈《けちみゃく》・六祖普賢《ふげん》舎利《しゃり》等」が挙げられ、達磨正宗として公認された能忍の法は、東山覚晏―波著寺覚禅（懐鑑）―義介と相承されたのであり、そのことを書き記した「此の書、并びに六祖普賢舎利一粒」を紹瑾長老に授けると述べている。義介が臨済家嗣書もしくは祖師相伝血脈を伝領していたことは、最晩年の道元と義介との問答を記録したとされる『御遺言記録』に、

また御尋ねに云わく、林際（臨済）下の仏照禅師の嗣書、故鑒師（懐鑑）これを伝授せるや。また儞《なんじ》これを見しや。義介白す、ここに相伝せるは嗣書と名づけず、祖師相伝の血脈なり、云云。義介これを拝見せり

（『道元禅師全集』七、一八二ページ）

とあることから明らかである。正法寺《しょうぼうじ》所蔵史料の表記から見る限り、達磨宗において「六祖」という場合は、必ず達磨から慧能《えのう》までの六人の祖師を意味する。したがって「六祖普賢舎利一粒」という表現は、いささか不自然である。これについては、『洞谷記《とうこくき》』の「洞谷伝燈院五老悟則弁行業略記」に、

（前略）

今、一生所持の嗣書、并びに六祖御所持の南嶽《なんがく》門下伝来相承の普賢舎利、および先師の頂骨、自筆五部大乗経を、当山に奉納して、山門を鎮護し、法命擁護せん

時に元亨《げんこう》三年（一三二三）癸亥　九月十三日

釈迦牟尼仏《しやかむにぶつ》五十四世法孫　洞谷紹瑾記す

（『曹洞宗全書』宗源下、五一五～五一六ページ）

と記されていることから、「六祖慧能が所持し、南嶽（懐譲、慧能の弟子で馬祖道一の師）門下において伝来相承してきた普賢舎利」が一粒、という意味であると思われる。一一一ページで述べたような、三宝寺における舎利の護持相伝のようすから考えても、三宝寺が達磨宗の本寺である以上、傍系である覚晏の系統に舎利が分与されるとすれば、やはり「普賢光明舎利一粒」が、そのすべてであると見ざるを得ない。

『本朝高僧伝』第十九巻の「能忍伝」には、

永平孤雲弉《こうんじよう》（懐奘）公、久しく覚晏に随う。晏、臨終に弉に勧めて、道元禅師に依らしむ。すなわち自撰の心要提示ならびに忍師より受くるところの什物《じゆうもつ》を付す。元公その提示を見て、おおいに嘆賞して曰く、晏師は明眼の人なり。これに依りて、常に能忍を称するに和尚を以てす

（『大日本仏教全書』一〇二、二七三ページ）

とあり、覚晏の系統にも能忍からの相承物があり、それが懐奘に付与されたことを伝えているが、これ以外に史料がなく、懐奘に関しては具体的な相承物が確認されていない。

懐奘と懐鑑

一方「嗣書助証」が挙げている相承物は、『洞谷記』の記事にあるように、瑩山が自らが住した永光寺《ようこうじ》（石川県羽咋《はくい》市）の五老峰に、法燈護持のために埋納したとされている。それが覚晏系に伝えられたものの全てであるかどうか、また懐奘には達磨宗徒としての顕著な相承物はなかったのかなど、不明な点は多いが、確認できる相承物の有無という点からいえば、覚晏の門流、いわば「多武峰波著寺系達磨宗」の正嫡は、懐鑑であったと見るべきかも知れない。諸伝の表現から見て、懐奘が単独で道元に参じたと思われることも、そのことを示すのではないだろうか。だとすれば、大谷氏がいわれるように、懐鑑がそれほど早い時期に覚晏の膝下《しっか》を離れるとは考えられない。義介が十三歳で波著寺の懐鑑に就いて得度するのが寛喜《かんぎ》三年（一二三一）であり、当然懐鑑の越前《えちぜん》下向《げこう》はこれ以前ということに

図23　永　光　寺

なる。つまり懐鑑の波著寺下向は、安貞二年（一二二八）興福寺《こうふくじ》衆徒によって堂舎・僧房を焼き払われたことを契機とし、その後まもない時期であるという竹内氏の推測が、より妥当であるといえる。

竹内氏はさらに、安貞二年興福寺衆徒による多武峰焼き討ち事件が、いちおう収束する寛喜元年（一二二九）十一月二日以後、まもない時期に懐奘は道元に初めて相見《しょうけん》したと推定されている。また懐奘があらためて興聖寺において道元に参入したのは、諸史料が文暦《ぶんりゃく》元年（一二三四）と伝えている。懐奘の道元参随については、『本朝高僧伝』第十九巻「能忍伝」にあるように、師覚晏の臨終における指示によるものと伝えられている。この覚晏の指示が道元と懐奘の初相見の前であるのか、二度目の興聖寺における参随の前であるのか、言い換えれば覚晏の示寂がいつなのかは、明らかではないように思われる。二度の相見の間に五年という時間があること、道元が建仁寺を離れた後も、興聖寺を開創するまで参随しなかったことなどから、懐奘は覚晏の臨終を看取った後、改めて道元の門下に投じたという見解が一般的であるが、懐鑑が越前に下向した時期と考え併せると、再検討が必要であろう。また二度の相見の間の約五年間、懐奘がどのような行動をとったのかは、達磨宗徒として行動したという見方が多いが、これについてはまったく不明である。

覚晏門下

面山瑞方（一六八三―一七六九）の『訂補建撕記《けんぜいき》』乾巻の補注には、

洞上の室内、古来の口訣《くけつ》に云う。築紫《ちくし》（筑紫）の博多に能忍と云う人あり。平家の士悪七兵衛景清《あくしちびょうえかげきよ》の叔父なり。彼《か》の上人《しょうにん》、宋《そう》の育王山《いくおうざん》の仏照《ぶっしょう》禅師を伝え聞いて、練中・勝弁の二弟子を使いして、嗣法を請う。仏照、法衣幷びに達磨の像に賛して贈る。賛に云わく「直指人心《じきしにんしん》し、見性成仏《けんしょうじょうぶつ》せば、太華擘開し、滄溟《そうめい》頓に竭《つ》く、然して神光を接得すと雖も、いかでか門に当たりて歯欠《はか》けん、と。これを得て、津の国（摂津《せっつ》）の三宝寺に住して、日本の達磨宗と号せらる。道徳さかんなるにや、深法《しんぽう》禅師の勅号《ちょくごう》あり。後に難に逢うて寂す。その嗣法《しほう》の弟子覚晏上人、和州（大和《やまと》）の談峯《だんぽう》（多武峰）に住して、達磨宗を唱う。晏の弟子懐鑒《えかん》・懐奘《えじょう》・懐照《えしょう》・懐義《えぎ》比丘尼等あり。懐鑒を覚禅和尚と称す。越前の波著寺に住して、弟子多し。義介《ぎかい》・義尹《ぎいん》・義演《ぎえん》・義《ぎ》準《じゅん》・義荐《ぎせん》・義運《ぎうん》等なり。後に法を義介に遺嘱して寂す。懐奘は祖師に侍して、入室《にゅっしつ》せらる。この懐鑒・懐奘・懐照共に、祖師に帰属せらるることは、覚晏上人の遺意に、先師能忍の得法、もと面受《めんじゅ》にあらぬゆえに、ただしからず。門人向後共に、道元禅師に依属せらるべしと

（『諸本対校建撕記』一四五ページ）

とあり、覚晏門下の懐鑑・懐奘・懐照・懐義尼などがいずれも道元に帰投したのは、覚晏の遺意によるものであり、その理由は、面授嗣法しなかった能忍の法は正しくないので、自分の門人たちは道元に遺嘱するというものである。しかし、この『訂補建撕記』の記事はいかにも道元寄りのものであり、宋朝禅が隆盛を迎えるなかで、達磨宗徒にとって面授を欠くという虎関師錬《こかんしれん》の批判が、いかに重みを加えていたとはいえ、自らの師能忍を否定するような発言があったとは考えられない。やはり、覚晏が懐奘に道元への参随を指示したとしても、それは当時の仏教界の状況を、覚晏なりに考慮した結果であったと見るべきであろう。

達磨宗徒と道元示寂後の永平寺

懐鑑門下の集団帰投

『三祖行業記《さんそぎょうごうき》』『三大尊行状記《さんだいそんぎょうじょうき》』によれば、懐鑑《えかん》は仁治《にんじ》二年（一二四一）、門下を率いて興聖寺《こうしょうじ》道元《どうげん》会下《えか》に参じる（『曹洞宗《そうとうしゅう》全書』史伝上、六・一六ページ）。安貞二年（一二二八）以後、まもない時期に越前《えちぜん》に下ったとすれば、波著寺《はじゃくじ》での止住期間は十年を超え、翌々年の寛元《かんげん》元年（一二四三）には、道元とともに再び越前に下向《げこう》する。道元が越前へ下向するについて、『三祖行業記』（『曹洞宗全書』史伝上、三ページ）、『三大尊行状記』（同書一三ページ）、『建撕記《けんぜいき》』（『諸本対校建撕記』四四ページ）には、有力な檀越《だんおつ》であった波多野義重《はたのよししげ》の熱心な招請によるとしているが、大久保道《どう》舟《しゅう》氏は、越前出身である懐鑑の勧《すす》めが重要な要素であったと指摘されており（『道元禅師伝の研究』四一八ページ）、非常に興味深い。懐鑑自身が多武峰《とうのみね》から波著寺に移ったことも、あるいは覚晏《かくあん》の指示で新たな拠点を求めるということはあったにせよ、そこが自らの出身地であったということが、より現実的な理由であったとも考えられる。

結果的に懐鑑は、二年余り波著寺を留守にしたことになるが、この場合、懐鑑の波著寺における立場と、北越入山後の行動が問題となる。相当数の弟子を伴って興聖寺に赴いたことから考えれば、波著寺においてもある程度指導的な立場にあったと思われるものの、集団で波著寺を留守にするという行動から見ると、住持であったかどうかという点で疑問が残る。ただし、単身ということであれば、道元の場合にも鎌倉に行化《ぎょうけ》して永平寺《えいへいじ》を留守にした期間があり、そうした事態がまったく考えられないわけではない。また、のちに検討するが、義介《ぎかい》の法嗣瑩山紹瑾《はっすけいざんじょうきん》が住した当時の加賀大乗寺《かがだいじょうじ》（石川県金沢市）のように、波著寺内にはいくつかのグループが存在しており、達磨宗徒《だるましゅうと》はその一つであったとも考えられる。いずれにしても、興聖寺の道元僧団に多くの達磨宗徒が参じたことはまちがいない。二年後に越前へ下向することからいえば、懐鑑門下の達磨宗徒と道元との関わりは、時間的には永平寺をおもな舞台とすることになる。彼らは道元からどのように遇され、どのように説得されたのかという点は、道元示寂後の僧団を考えるうえできわめて興味深く、

図24　永平寺（大井啓嗣氏写真提供）

重要な問題である。

懐鑑以後

懐鑑は、『御遺言記録』で道元が「故鑑師」（『道元禅師全集』七、一八二ページ）と呼んでいることや、『永平《えいへい》広録《こうろく》』巻七に建長《けんちょう》四年（一二五二）「準（義《ぎ》準《じゅん》）書状、懐鑑上人の忌辰のために請う上堂《じょうどう》（法堂《はっとう》の須弥壇《しゅみだん》に登って説法すること）」（同書四、八八ページ）があることから見て、道元よりも早く示寂していたことは明らかである。懐鑑亡き後、門下の僧たちが永平寺との関係を継続したことは、結果的に彼ら、つまり義介をはじめとして、義演《ぎえん》・義尹《ぎいん》・義準らが、懐奘《えじょう》の法嗣として理解されていることからも推測できる。しかし、厳密な意味で旧達磨宗徒と呼ぶべき人とは、いったい誰々であるのか、必ずしも限定できるわけではない。前に紹介したように、面山瑞方《めんざんずいほう》は『訂補建撕記』乾巻の補注に、懐鑑・懐奘・懐照《えしょう》・懐義比丘尼《えぎびくに》・義介・義尹・義演・義準・義荐《ぎせん》・義運《ぎうん》（『諸本対校建撕記』一四五ページ）と、懐鑑・懐奘を含めて十人の達磨宗系と思われる人を挙げている。しかし、後にも述べるように、この全員について履歴が明らかであるわけではない。たとえば懐義比丘尼は、『御遺言記録』（『道元禅師全集』七、一八八ページ）や『永平広録』巻五、建長二年（一二五〇）「比丘尼懐義、先妣《せんぴ》（亡き母）のために請う上堂」（同書三、二六二ページ）にも登場するので、道元の晩年まで随侍していたことがわかるが、懐照については、『正法眼蔵《しょうぼうげんぞう》』「安居《あんご》」巻にある「懐昭《えしょう》」（岩波文庫本三、四四八ページ）と同一人物か否か不明であるし、義荐や義運については詳しいことはまったくわからない。『御遺言記録』の後半部分で、懐奘が義介を評して「またその兄弟多しと雖も、実にこれ仏法の者なり。その神際、抜群の志気あり。玄明《げんみょう》などに似ず」（『道元禅師全集』七、二〇四ページ）と述べている。この表現から見て、『建撕記』にある、北条時頼《ほうじょうときより》からの寺領寄進状を持ち帰ったために道元から擯斥《ひんせき》（破門）された玄明（『諸本対校建撕記』六三ページ）も、義介と同じ懐鑑門下であったと考えられ、達磨宗徒は『訂補建撕記』に挙げられている人たちだけではなかったように思われる。

懐鑑やその門徒たちが、道元会下に参じた後も達磨宗徒としての自覚を持ち続けたであろうことは、道元の説示を記録した『永平広録』に、懐鑑が覚晏のために、また義準が懐鑑のために要請した上堂語があることからも、推測できる（『道元禅師全集』三、一二六ページ・四、八八ページ）。達磨宗出身者でありながら、懐奘のあとを継いで永平寺住持となり、のちの曹洞宗の展開を、ある意味で方向づけた義介の立場を知る上で、非常に興味深いと思われる史料が、前にも触れた『御遺言記録』（同書七巻）である。『御遺言記録』の内容については、大久保道舟氏『道元禅師伝の研究』（前篇第十一章「最後病中の動静と入滅」、後篇第一章「原始僧団と日本達磨宗との関係」）、嗣《つぐ》永《なが》芳照氏「日本曹洞宗における大日能忍の達磨宗の消長―徹通義介をめぐって―」（宮内庁『書陵部紀要』一八号）などで考察されているが、史料としての問題点を検討したのは、『懐奘禅師研究』所収石川力山氏「道元禅師滅後の永平寺僧団について―『御遺言記録』の史料価値―」、伊藤秀憲氏「『三大尊行状記』の成立について」（『印度学仏教学研究』三四―一）である。両氏の成果からいえることは、『御遺言記録』は史料として問題点を含むものの、『三大尊行状記』『三祖行業記』や、義介から瑩山への伝法の証明書といわれる「附法状《ふほうじょう》」ないし「嗣書助証《ししょのじょしょう》」（『続曹洞宗全書』室中、四三七ページ）などの記述と密接

『御遺言記録』

な関係にあるということである。

道元と義介

前半の内容は、臨終間近い道元が義介に対して絶大な信頼感を示すとともに、療養のために京に赴くに際して、永平寺の管理運営を依頼しているのである。また、同時に波著寺および達磨宗における義介の立場に言及し、義介は、懐鑑が示寂するに際して後事を託されており、波著寺の聖教類や若干の典籍についても、それを管理するよう遺嘱されていることを確認している。さらに達磨宗の、言い換えれば、大日《だいにち》房能忍《ぼうのうにん》が拙庵徳光《せったんとっこう》から相承した臨済宗大慧《りんざいしゅうだいえ》派の菩薩戒血脈《ぼさつかいけちみゃく》を、義介が懐鑑から相伝していることや、道元が懐鑑に伝授菩薩戒の作法を許しており、それを行ずることを勧めたものの、懐鑑自身は遠慮してついに行じなかったことなどが記されている（『道元禅師全集』七、一八二ページ）。また、懐鑑は道元の嗣書（伝法の証明書）を拝見したいと望んでいたが、閲覧の機会を逸し、そのことを恨めしく思っていたこと、懐鑑の希望を承けて、義介が嗣書を拝見できた暁には、その功徳を懐鑑に回向するよう懐鑑が望んでいたことを、道元に伝えたところ、道元もそうするよう勧めたことなどを述べている（同書一八四ページ）。さらに続けて、道元が永平寺の後事を依頼するに際しても、「庵居寓住は汝が意に任すべし」（同書一八六ページ）とか、「寺においては一向に他人の寺と思わるべからず、我が寺と思わるべきなり」(同一八八ページ)と、義介の立場をかなり考慮していることを思わせる表現になっており、脇本(福井県南条《なんじょう》郡南条町)での最後の別れでは、義介が懐鑑の弟子であるということを、あらためて確認している(同書一八八ページ)。道元は、義介に懐鑑の法を捨てて自分の弟子になれと強要するのではなく、むしろ達磨宗の懐鑑の正嫡《しょうちゃく》(正統な後継者)としての立場を尊重していたかのように感じられる。

一方、同じ『御遺言記録』のなかで、義介に「老婆心」が欠如しているという、再三にわたる道元の戒めがあり、それが義介に対する決定的なマイナス評価と見られ、そのために義介が道元に嗣法できなかったとすら、いわれている。しかも、「老婆心」に関する二ヵ所の記述(同書一八六・一八八ページ)の末尾には、最初は懐奘、後の方は懐義師姑《しこ》、つまりいずれも法の上で叔父叔母に当たる人が陪席して聞いていた、としている。しかし、これらの部分の記述の意味を考えるならば、その場での道元の発言、すなわち義介が永平寺の後事を託されたこと、いずれは秘蔵のことを伝えられるはずであったことなどを、懐奘や懐義師姑が証明するという点であり、言い換えれば、義介が道元の法の正当な継承者であることを主張するものだと思われる。だとすれば、「老婆心」に関する記述が決定的な意味を持つかどうかは、慎重に考えるべきである。当然のことながら『御遺言記録』と密接な関係にある『三祖行業記』『三大尊行状記』（『曹洞宗全書』史伝上、七・一七ページ）でも、「老婆心」については同じように記されている。これらの点を考え併せると、この「老婆心」の欠如という義介に対する評価は、しかるべき意味はあったにせよ、それがために嗣法を拒絶するような、決定的な評価ではなかったのではないかと考えられる。そのことはいずれの史料でも、老婆心の欠如を指摘した直後に、「それ自然に歳を重ぬるの程に、必ずこれ有るべし」（『御遺言記録』）とか、「これまた自然に調うべし」（『三大尊行状記』）と慰めていることからも言い得ることである。

永平寺と波著寺

「老婆心」が意味するところについては措くとして、義介に対する道元の態度は、その管理経営能力を高く評価し、永平寺の後事を託していること、示寂《じじゃく》直前には「我が秘蔵の事等、必ず爾《なんじ》に教うべし」（『道元禅師全集』七、一八八ページ）というような、嗣法を示唆する表現があるものの、全体としては達磨宗懐鑑の法嗣としての立場を重視している、というように見ることができる。嗣書の閲覧を拒絶された懐鑑は、ある種の疎外感を味わいながら永平寺を去り、波著寺へ帰ってしまったとするのが従来の見方であるが、一方で義介は頻繁に波著寺と永平寺を往復していたと思われる。波著寺は、江戸時代初め前田利長《まえだとしなが》によって金沢に移され、金沢市白山町《はくさん》に真言宗《しんごんしゅう》寺院として現存しているが、当時は永平寺と隣接する一乗寺谷《いちじょうじだに》にあり、福井市成願寺《じょうがんじ》町の山の中腹に遺跡が残っている。当時の波著寺と永平寺が、尾根一つ隔てただけの至近距離にあったことから見れば、あるいは懐鑑も、のちの義介と同じように両寺の間を往復したということは、十分に考えられる。

道元の達磨宗徒に対する態度は、『正法眼蔵』に見られる臨済宗批判が、実際には彼らに向けられたものであるとする説もあるが、『御遺言記録』を見る限りにおいては、おおむね好意的である。ここでいう「達磨宗徒」とは、当然義介をも含めてのことであり、道元の義介に対する視点は、あくまでその範囲を出ないものであったのかも知れない。義介の立場も、是が非でも道元の法嗣になりたいというものであったかどうかは、必ずしも明確ではないと思われる。

懐奘と義介

『御遺言記録』の後半部分、すなわち建長六年（一二五四）正月（『道元禅師全集』七、一九〇ページ）以降には、道元を継いで永平寺二世となった懐奘と、義介とのやりとりが記されている。そこでは、懐奘から義介へという嗣法の次第が述べられているが、この部分の語るところについては、前半の道元と義介との問答とは、分けて理解する必要があると思われる。それは道元が、明らかに達磨宗の相続者としての義介の立場を考慮しており、その意味では、自らの伝えた正伝の仏法の継承者として義介を意識していたかどうか、前に述べたように明確ではない。しかし後半部分における、義介に対する懐奘の態度は、自らが道元の仏法のただ一人の継承者であることを強調し、義介にそれを嗣がせようとしているように思われる。

そのことは、懐奘のことばに含まれているいくつかの特徴的な表現から窺える。たとえば「一類」（同書一九二ページ）という言い方で、おそらくは旧達磨宗徒を指し、彼らの見解を邪見《じやけん》であると評価し、義介がそうした「一類」に同調することを強く戒めていることも、その一つである。前半の道元のことばのなかにも、懐鑑の嗣書閲覧の希望に対し、「閑人の障《はば》むこと」（同書一八二ページ）があるので別の機会を期する、という表現はあるものの、そこで言われている「閑人」が達磨宗徒であるという確証はない。ところが後半では、義介自身のことばに「同一類」（同書一九二ページ）とあることからも、「一類」が旧達磨宗徒を指す可能性は高い。さらに問答の内容を見てみると、道元の仏法と「一類」の見解がまったく異なるものであることを、懐奘が義介に強調しているのである。いわば、道元の仏法に対する理解について、両者の間で調整がなされたとも考え得る。また懐奘が、再三にわたって、道元の法を嗣いだのは自分だけであり、自分一人が聞いた説示はあっても、他人が聞いて自分が聞かなかったものはない（同書一九六ページ）と述べていることは、自分を通じてでなければ道元の法を嗣ぐことはできないのだから、そのために自らの法嗣となるよう、義介に対して強く要請しているかのようである。

懐奘と義介の緊密な交流が道元の示寂以前になかったことは、懐奘自身が、諸般の事情から考えても義介とは互いに焼香礼拝すべきであったが、これまでは便宜を得なかったと述べていることから推測できる（同書一九六ページ）。そして懐奘は、嗣法を了《お》えた翌朝、すなわち建長七年（一二五五）二月十四日の粥罷《しゆくは》（朝の粥を食べ了って）、仏種を断ずる罪を免れたこと、すなわち道元の仏法を後継者に伝え得たことを、大きな悦びをもって語っているのである（同書二〇四ページ）。

右のように、『御遺言記録』の記述全体を、前半と後半とに分けて対比すると、道元においては、示寂直前に嗣法を示唆するような発言はあるものの、義介を曹洞宗の正嫡にするという意図は明確とはいえず、それは懐奘に至って初めて、明確に打ち出されたと思われる。道元が示寂する以前、すでに師を失っていた懐鑑門下の人達と懐奘との関係は、達磨宗においていえば叔父・甥の関係であり、道元会下の参学人としては、同門の兄弟というべきものであるが、義介を法嗣にするためのはた

懐奘と懐鑑門下

らきかけ以前、懐奘と懐鑑門下の人たちに特筆するほどの交流がなかったことは、『御遺言記録』のなかで懐奘が述懐しているとおりである。いわば、その関係は道元を中心とする同心円的なものであり、道元の示寂によって中心が失われた結果、懐奘は自らが中心となって教団を維持経営する任を負った。その懐奘の抱えた問題として、僧団構成員の再編成は緊急の課題であったが、懐奘自身、自らに道元ほどの求心力を、期待できなかったのではないかと思われる。その場合もっとも有効な方法は、もともと同じ達磨宗の系統に属する懐鑑門下を基盤として、言い換えれば旧達磨宗徒としての連帯感を利用して、僧団を再編成することであり、なかでも生前の道元から絶大な信頼を得ていた義介を中心とすることが、さらに効果的であると判断したのではあるまいか。そのためには、義介を達磨宗徒として客分的に扱うのではなく、永平寺僧団内において、はっきりと道元の法を嗣ぐ者として位置づけなければならず、つまるところ、ぜひとも懐奘自身の法嗣となってもらう必要があったのである。そうした事情を窺わせるのが、『御遺言記録』後半の懐奘と義介の問答である。そこでは、両者の間で道元の仏法に対する理解の調整が行われ、懐奘のみが道元の正統な継承者であり、義介が道元の法を継ぐためには、懐奘の法嗣となるほかに方法がないことが、強調されている。つまり、道元に嗣法を拒絶された義介が、やむを得ず懐奘の法を嗣いだのではなく、義介を法嗣として積極的に選択したのが懐奘であったといえよう。この懐奘による義介の選択指名が、永平寺僧団内に少なからぬ波紋を起こすことも、あるいはあり得たかも知れない。それが、一般に「三代相論《さんだいそうろん》」と呼ばれる永平寺僧団の内紛であり、結果として義介が永平寺を去らざるを得なくなったとされている。三代相論については、石川力山氏の「三代相論について」（『永平寺史』上、一〇五ページ）がある。初期曹洞宗教団史を考える上で、懐奘と義介の師資関係がどのように成立したのかということは、きわめて多くの関連する問題に波及する。三代相論は、そのもっとも大きなものの一つであり、その意味では、義介と対立したとされる義演についても、十分に検討を加えなければならないが、史料も少なく、本書では詳しく検討する余裕がない。

義尹について

道元より二歳年長であった懐奘が、道元という紐帯を失った永平寺僧団の維持を、旧達磨宗徒の再編成という方法によって企図したことは、結果的には永平寺を離れた寒巌義尹《かんがんぎいん》（一二一七—一三〇〇）に対する姿勢からも窺える。後鳥羽《ごとば》天皇の落胤《らくいん》とも順徳《じゅんとく》天皇の落胤ともいわれることから、「法皇長老《ほうおう》」と称される義尹については、教団史的視点からの検討がほとんどなされていない。これまでに論及された問題としてもっとも大きなものは、義尹の嗣承《しじょう》問題である。すなわち、義尹が嗣法したのはいったい誰なのかということで、道元の直弟子であるという説、懐奘の法嗣であるという説、義介の法嗣であるという説があり、まるで順列組み合わせのように、考え得るすべてのケースが想定されている。大久保道舟《どうしゅう》氏は、「寒巌義尹の嗣承異論」（『道元禅師伝の研究』四四七ページ）において、さまざまに史料を検討された上で、懐奘法嗣説を主張された。しかし中山成二氏は、「寒巌義尹嗣承説をめぐる諸問題」（『禅宗の諸問題』二二五ページ）において、史料を再検討され、再び道元法嗣説を主張されている。史料の上でも、たとえば『洞上聯燈録《とうじょうれんとうろく》』は義尹を義介の法嗣として挙げており（『大日本仏教全書』一一〇、二二五ページ）、一方瑞長本『建撕記』仁治《にんじ》三年（一二四二）の記事には「義尹和尚に大事を授く」（『諸本対校建撕記』四三ページ）とあって、道元に嗣法したかのごとく記されている箇所があるものの、同じ『建撕記』のなかで、「二代和尚（懐奘）の法嗣」を挙げたなかにも含まれているのである（同書一一〇ページ）。結局のところ、この問題についてもいまだ定説を見ていない。

義尹について問題とすべきことは多い。本章の主題からいえば、従来達磨宗の波著寺懐鑑の弟子とされ、仁治二年（一二四一）に懐鑑とその門下が興聖寺の道元会下に参入したときに、その一人として道元に参じたとされているが、まず、その点についても吟味の必要があると思われる。つまり、義尹の伝記について、単独のもののどれを見ても、叡山《えいざん》で天台教学を学んだ後に、道元が興聖寺で禅風を広めていることを聞き及び、赴いて参じたということが述べられているにすぎず、義尹が懐鑑門下であったことを伝える史料が見当たらないのである。義尹が達磨宗徒であるとされる根拠は、たとえば『訂補建撕記』の補注にあるように、永平寺僧団における達磨宗系の人たちの名が挙げられるなかに、懐鑑門下として名が挙げられていること（『諸本対校建撕記』一四五ページ）、懐鑑下の人たちの系字と思われる「義」の字がついた僧名であること、『洞上聯燈録』が伝える道元参随の年齢「二十五歳」（『大日本仏教全書』一一〇、二二五ページ）が、『三祖行業記』や『三大尊行状記』の義介伝に伝えられる仁治二年（一二四一）、すなわち懐鑑一派が帰投した年に当たること（『曹洞宗全書』史伝上、六・一六ページ）などであると思われる。しかし、ではは義尹が懐鑑門下であることを否定する有力な史料があるかといえば、そういうわけではない。ただ、天皇の子というような身分から出家するとしても、当時としては目新しく、天皇や公卿の子弟が出家するとしても、その選択技からははずれていたであろう達磨宗を選んだことの理由とか、九州での活動において、達磨宗徒としての意識が見えるか、などといった未検討の問題は、義尹の宗風《しゅうふう》や、ひいては達磨宗の性格などと重要な関連を持つことである。

義尹の入宋

道元が寛元《かんげん》元年（一二四三）に越前に下向《げこう》してから示寂するまで、端的にいえば、永平寺における義尹の活動については、ほとんど不明である。寛元元年の入宋《にっそう》と如浄《にょじょう》への参随を伝える史料もあるが、如浄の示寂は宝慶《ほうきょう》三年（一二二七）であるから、義尹が参随することは不可能である。通説としては、建長《けんちょう》五年（一二五三）道元示寂直後に入宋し、さらに文永《ぶんえい》元年（一二六四）から同四年までの四年間、再び入宋したと理解されている。さらに、二度目の入宋は『永平広録』十巻を携えての渡海であり、如浄門下で道元と同参であった無外義遠（生没年不詳）に校訂と序跋を請い、霊隠《りんにん》寺退耕徳寧《じたいこうとくねい》（生没年不詳）・浄慈寺虚堂智愚《じんずじきどうちぐ》（一一八五—一二六九）にも跋文を依頼したとされている。このときに義遠が『永平広録』を抜粋校訂して一巻としたものが、一般に『略録《りゃくろく》』といわれる『永平元禅師語録』であるが、奇妙なことは、この『略録』を持ち帰った後日談が、まったく伝えられていないことである。いまのところ、これに関して明確な見解は示し得ないが、きわめて類似したケースは指摘できる。「東福《とうふく》第十世勅賜仏印《ちょくしぶついん》禅師直翁《じきおう》和尚塔銘」によれば、蘭渓道隆《らんけいどうりゅう》（一二一三—七八）会下の直翁智侃《じきおうちかん》（一二四五—一三二二）が、いわゆる『大覚禅師《だいかくぜんじ》語録』を携えて入宋し、『五燈会元《ごとうえげん》』の編者である大川《だいせん》普済《ふさい》（一一七九―一二五三）に校訂を請うたところ、大川が蘭渓の語録を大幅に改め、それを持ち帰った直翁は、師の不興を蒙ったために大覚派にいたたまれなくなり、ついには聖一《しょういち》派（東福円爾《えんに》の門流）に移ったと伝えられている（『続群書類従』九上、三九五ページ）。義尹が、永平寺僧団において直翁と同じような立場になったかどうか、まったく考察の材料はないが、興味深いことである。

文永元年から四年間にわたる再入宋からの帰国後、義尹は活動の拠点を肥後国《ひご》（熊本県）に置いている。弘安《こうあん》六年（一二八三）大梁山大慈寺《だいりょうざんだいじじ》を開創しているが、それに先立って、建治二年（一二七六）から弘安元年（一二七八）にかけて、当時九州一の難所といわれた緑川に、大渡橋《おおわたりばし》を架け、また荒野を開発するなど、いわゆる社会事業に手腕を発揮している。こうした視点からの研究としては、上田純一氏などが成果を挙げておられるとはいうものの、あくまで肥後における寒巌派の活動としての考察であり、いわば勧進僧《かんじんそう》とでもいうべき、きわめて中世的な禅僧像を浮き彫りにしているが、その義尹が永平寺僧団の一員であったこととの関連については、あまり問題にされていない。

懐奘と義尹

道元示寂後の義尹の立場を考える史料は、断片的にはいくつか指摘し得る。『御遺言記録』が、道元示寂後の永平寺僧団を考える上できわめて重要な

史料であることは、前にも触れたが、その奥書に、

この記録は、先師寒巌和尚（義尹）親筆の本をもって、これを伝写す。先師示寂の時、常賢首座《じょうけんしゅそ》、侍香として、先師自筆の戒儀《かいぎ》、并びに自筆の宝慶記《ほうきょうき》、およびこの記録を収拾し、一生これを護持す。大智、大慈寺瑞華庵において、この本を拝請して伝写し畢んぬ。

時に嘉暦《かりやく》元年（一三二六）丙寅十月十二日

（『道元禅師全集』七、二〇六ページ）

とあることによって、義尹が『御遺言記録』を所持していたことがわかる。さらに重要なことは、「先師自筆の戒儀、并びに自筆の宝慶記、およびこの記録」とあることからわかるように、義尹が『御遺言記録』とともに、「戒儀」と『宝慶記』を書写していたということである。「戒儀」とは「仏祖正伝菩薩戒作法《ぶつそせいでんぼさつかいさほう》」であろうし、『宝慶記』は、いうまでもなく道元の如浄《にょじょう》下での参学の記録であり、道元の示寂後、懐奘が遺物中より発見して喜びのあまり涙したものである。この三種の史料が義尹によって書写伝持されていたということは、教団史的な意味で非常に重大であると思われる。この「戒儀」とは、現在広福寺《こうふくじ》所蔵（熊本県立美術館寄託）の、正中《しょうちゅう》二年（一三二五）の年記を有する「仏祖正伝菩薩戒

作法」の原本となったものであろうし、『宝慶記』はやはり広福寺所蔵の、識語を欠く大智書写の『宝慶記』の原本であると考えられる。広福寺所蔵「仏祖正伝菩薩戒作法」の奥書には、

（前略）
右、菩薩戒儀、先師（道元）親筆の本、懐奘これを伝授す。今、法弟義尹蔵主《ぞうす》、法器たればこれを聴許し、並びに伝写し畢《おわ》んぬ。
時に建長六年（一二五四）甲寅《きのえとら》九月九日
永平第二世懐奘　御判
正安《しょうあん》二年（一三〇〇）庚子《かのえね》八月九日
如来寺《にょらいじ》住持義尹　御判
正中二年（一三二五）乙丑《きのとうし》六月十二日
前律法観寺《ほうかんじ》釈運《しゃくうん》（花押）
（熊本県立美術館、一九八〇年「寒巌派の歴史と美術」の図録
『寒巌派の歴史と美術』九五ページ）

とあり、これによると懐奘は、道元親筆の「戒儀」を伝持しており、義尹の器量を認めて

作法を許可し、伝写させたとなっている。その後、義尹から京都八坂《やさか》法観寺の釈運に伝えられているが、年記によれば、義尹が懐奘から「戒儀」を授けられたのは、建長六年（一二五四）で、道元示寂の翌年ということになる。『御遺言記録』の記事に従えば、義介が懐奘から道元伝来の仏法を伝えられたのは、建長六年正月から建長七年二月十四日にかけてのことであり、もっとも重要な伝法は、建長六年末から七年二月にかけてである。つまり、義尹が懐奘から「戒儀」を授けられたのは、義介への伝法と並行していたということになる。

『御遺言記録』や「仏祖正伝菩薩戒作法」の奥書から考えて、おそらく義尹が三書を伝写したのは同じ時期であると思われるが、『御遺言記録』と『宝慶記』は、いずれも嗣法に至る過程での問答の記録と見ることができる。いわば室内に属するものであり、大久保道舟氏が『御遺言記録』を、あえて「永平室中聞書」（筑摩書房『道元禅師全集』下巻四九六ページ）と題されたのは、そのことが根拠となっている。「仏祖正伝菩薩戒作法」を加えると、いずれも室内秘伝とするにふさわしいものと思われる。先に、『御遺言記録』後半の、懐奘と義介の関係を伝える部分は、道元示寂後の永平寺僧団を経営していくために、もとは同じ達磨宗徒であるという連帯感をもって、義介をその中心に据えるための作業を語っている、という推論を述べておいたが、当然その場合、他の僧たちの扱いも問題となる。懐奘が永平寺僧団再編成の作業を、義介だけではなく、旧達磨宗徒に対してある程度の範囲で行ったとすれば、それが義尹にまで及ぶことは十分考えられる。義尹に対して三書の伝写を許したことは、宗門の秘伝、つまり道元の仏法を伝えることの一種の証明であり、懐奘による永平寺僧団再編成の一環と見ることも、可能ではないかと思われる。義尹が誰の法嗣なのかという問題も、右のような視点を関連させて検討する必要がある。ただし、九州での義尹の活動と永平寺との関係、ないし道元示寂後の義尹の九州進出と、ここでいう懐奘の永平寺僧団再編成とが、どのような関係になるのかについては、明らかではない。

もう一つ注意すべき問題として、『御遺言記録』『宝慶記』「仏祖正伝菩薩戒作法」の伝写に、いずれの場合も大智《だいち》が関わっていることは、非常に重要である。大智は義尹について出家し、のちに明峰素哲《めいほうそてつ》の法を嗣ぐが、大智が開山となった肥後（熊本県）広福寺に、右の三本が所蔵されているということは、これらの史料が大智にとってどういう意味を持つのか、という問題を提起している。このことは、義介が瑩山紹瑾《けいざんじょうきん》に授けた「嗣書助証」が、広福寺に伝わっていることとも関係する。他の史料の伝写経路とは違い、義介親筆であることや内容から考えて、当然瑩山から授与されたものと思われるが、瑩山がどのような意図をもって大智に授けたか、あるいは大智がどのような意図のもとに伝授を請うたのか、曹洞宗初期の教団史を考えていく上で、きわめて興味深い。大智にまで、旧達磨宗徒というような意識が波及していたかどうかは、まったく不明である。もし、それが認められるとすれば、一般に瑩山が、永光寺《ようこうじ》五老峰に達磨宗の遺物を埋納したことで、達磨宗は曹洞宗に完全に吸収され、消滅してしまったという理解も、再検討を迫られることになる。しかし大智に関しては、永平寺僧団からはずれることもあって、別の機会に譲りたい。

日本曹洞宗と密禅併修

道元の法嗣は、結果として懐奘一人であった。しかも懐奘は、道元よりも二歳年長であったため、おそらくは、よもや自分が道元の示寂を看取るなどとは、考えていなかったのではないだろうか。懐奘の道元に対する徹底随身の姿勢は、あたかも道元自らが「正伝の仏法」と称する教えを、形に遺して後世に伝えることだけを、念頭に置いていたように思われる。したがって道元の後継者については、あくまで道元が門弟のなかから指名するはずが、思いがけず道元の示寂に遭い、好むと好まざるとにかかわらず、永平寺僧団の維持運営を担うことになったのである。ところが、道元という人格があってこその僧団を継承したとき、懐奘自身が、自分には道元に替わる求心力がないと判断し、早急に、道元の仏法の真の後継者を選定する必要を感じたのであり、その眼の前にいたのが、管理経営の能力を道元も認めていた義介である。さらに周囲には、問題のある人物も含まれていたものの、旧達磨宗徒である懐鑑門下の僧が相当数おり、自らも覚晏門下であったことから、彼らとの連帯感によって、僧団の結束と維持を図ろうとしたのだと思われる。

懐奘と義介の間でも、道元の仏法に対する理解は調整が必要であり、他の達磨宗出身者においては、派祖大日房能忍《だいにちぼうのうにん》以来、栄西《えいさい》《ようさい》と同じく叡山《えいざん》仏教から派生した密禅併修《みつぜんへいしゅう》という傾向が、完全に払拭されることはなかったのであろう。見ようによっては、坐禅《ざぜん》の一行《いちぎょう》を選び取った道元の「正伝の仏法」を、懐奘・義介・義尹といった、密禅併修の薫陶を受けた人たちが継承したことで、その後の日本曹洞宗は密禅併修に染まっていったといえる。

日本禅宗の性格――エピローグ

道元以前

日本の禅宗《ぜんしゅう》の歴史と性格を検討するために、『元亨釈書《げんこうしゃくしょ》』に収められている、達磨《だるま》が日本へ渡来したという伝説から、語りはじめてみた。その伝説が、聖徳太子《しょうとくたいし》の説話と結びついて展開していく過程が、古代の日本仏教と中国の禅ないし禅宗との接触に、意外に密接なつながりがあり、さらに比叡山《ひえいざん》の天台宗《てんだいしゅう》における、本格的な禅に対する関心の高まりに結びついていくことを確認した。とくに、最澄《さいちょう》の単《たん》受菩薩戒《じゅぼさつかい》という制度を正当化するために、弟子の光定《こうじょう》が著した『伝述一心戒文《でんじゅついっしんかいもん》』は、達磨が日本へ渡来して、聖徳太子に転生した南嶽慧思《なんがくえし》の教化を助けるという伝説を、ほぼ完成させた。

叡山仏教における禅への関心は、天台密教《みっきょう》（台密《たいみつ》）の隆盛から派生し、密教の範疇で禅を理解するという形で、栄西《えいさい》のように入宋《にっそう》して禅宗を承ける天台僧が現れるが、そうした傾向は栄西一人に止まらず、大日房能忍《だいにちぼうのうにん》などは、入宋受法することなく禅を無師独悟《むしどくご》した。能忍の達磨宗は、それなりに展開しながら存続したものの、結果として、主たる拠点であった三宝寺《さんぼうじ》が衰退したことや、虎関師錬《こかんしれん》が『元亨釈書』の栄西伝で批判的に述べたこと、栄西の非難が『興禅護国論《こうぜんごこくろん》』に遺されていることなどで、今日から見る限り、あまり繁栄しなかったように理解されている。しかしながら、中世初期の禅者としては、むしろ栄西よりも著名であったと思われる。

栄西や能忍の禅は、いわば「密禅併修《みつぜんへいしゅう》」といえるもので、禅宗という意識は明確にあるものの、密教の修法や天台教学を捨てることはなかった。栄西の禅風は、退耕行勇《たいこうぎょうゆう》や釈円房栄朝《しゃくえんぼうえいちょう》といった弟子を通じて、法燈《ほっとう》国師無本覚心《むほんかくしん》や聖一《しょういち》国師円爾《えんに》などに伝わり、法燈派・聖一派は、鎌倉初期の禅宗として栄える。覚心や円爾は、中国禅僧の法嗣《はっす》となったものの、密禅併修の傾向は変わらなかったのである。

道元の禅とその後

道元《どうげん》は、栄西門下の明全《みょうぜん》に対して強い敬愛の念を示しているが、同時に明全を通じて知った栄西の密禅併修に対しては、まったく関心を示してはいない。栄西が兼修禅《けんしゅう》とされるのに対し、道元は「祇管打坐《しかんたざ》」という表現で、坐禅《ざぜん》の一行だけを選び取り、これがいわゆる純粋禅として理解される。蘭渓道隆《らんけいどうりゅう》や無学祖元《むがくそげん》をはじめとする中国禅僧が、次々と招かれて渡来したこともあって、栄西のような兼修禅は、純粋禅に駆逐されたかのようにいわれてきた。しかし実際には、法燈派や聖一派の隆盛でもわかるように、兼修禅すなわち密禅併修は、鎌倉期の禅宗においては主流だったといえるのである。

道元は、密禅併修とは違う禅を選択したことで、少なくとも当時の禅宗の傾向とは異なる立場にあったが、その示寂《じじゃく》後に僧団を継承したのは、密禅併修の色彩を濃厚に持っていた旧達磨宗徒であった。曹洞宗《そうとうしゅう》教団発展の基礎を築いた瑩山紹瑾《けいざんじょうきん》は、師義介《ぎかい》から曹洞宗の法を受けるとともに、「嗣書助証《ししょのじょしょう》」として達磨宗の法系をも承ける。義介からの相承物を、永光寺《ようこうじ》の五老峰に埋納したことで、初期曹洞宗の達磨宗色を払拭したとされるが、一方では、曹洞宗に密教的な儀礼を導入し、おおいに教線を拡大したとされている。本書では、瑩山について触れるゆとりがなかったが、義介から達磨宗の法をも承けている点からいえば、別な場所から密教を導入するまでもなく、本来的な性格として、密禅併修の傾向を持っていたはずである。

密禅併修

今日の曹洞宗に、三大祈禱《きとう》道場とされる寺院がある。山形県鶴岡《つるおか》市の善宝《ぜんぽう》寺《じ》、神奈川県南足柄市の大雄山最乗寺《だいゆうざんさいじょうじ》、愛知県豊川《とよかわ》市の妙厳寺《みょうごんじ》である。善宝寺は龍神を、大雄山は道了尊《どうりょうそん》という天狗を祀り、妙厳寺は荼枳尼天《だきにてん》という狐を祀って豊川稲荷《とよかわいなり》と通称されている。多くの参詣者の現世利益《げんぜりやく》を祈る光景は、「祇管打坐」を唱えた道元の法を継ぐ寺院とは、とても思えない。この三ヵ寺だけではなく、曹洞宗に祈禱寺院が多いことは、中世後半の教団発展が、修験者《しゅげんじゃ》との関係や神人化度《しんじんけど》(土地神などを教化し弟子とすること)などによったことが要因であるが、淵源《えんげん》をたどっていけば、瑩山とその門流の僧たちに行き着く。

きわめて乱暴な分析をすれば、平安期の台密研鑽の中から醸成された禅への関心は、中国禅宗を受け入れながらも、独自の密禅併修として展開し、栄西門流と達磨宗にあったその傾向は、複雑な人的交流を通じて道元門流に影響を及ぼし、日本曹洞宗として、さらに展開してきたのである。道元の「祇管打坐」の方はといえば、瑩山以降の曹洞宗において影が薄くなるが、その撰述『正法眼蔵《しょうぼうげんぞう》』は、教団内の寺格を象徴する秘書として伝写され、江戸期には開版も許可された。今日では道元が「正伝の仏法」を語る書として広く読まれ、哲学や文学をはじめとして、さまざまな角度から研究考察されている。しかし、そうなればなったで、祈禱太鼓が轟く曹洞宗寺院と、『正法眼蔵』の説示とを並べてみると、いかにもギャップがあるように感じられる。日本曹洞宗の展開だけをいうならば、『正法眼蔵』と密教儀礼をうまく使い分けてきたというべきかも知れない。しかし、もう少し俯《ふ》瞰《かん》的に、日本仏教のなかでの日本禅宗の性格をいうとすれば、密禅併修という面が形成されたからこそ、禅は日本禅宗として根付いたと思われる。

もちろん、それで日本禅宗のすべてが理解できるわけではない。中世末期には、臨済宗だけではなく曹洞宗も、『碧巌録《へきがんろく》』や『無門関《むもんかん》』などの公案集《こうあんしゅう》を盛んに参究したし、江戸期には白隠慧鶴《はくいんえかく》（一六八五—一七六八）が登場し、公案禅を再構築して、今日の臨済宗黄《おう》檗宗《ばくしゅう》を通じての禅風を確立する。しかし、禅本来の悟りを求める修行がさまざまな形でなされるなかで、なお、「密禅併修」という日本禅宗の性格は変わらなかったのである。

あとがき

ひと頃歴史学界を席巻した感のあった黒田俊雄氏の「顕密《けんみつ》体制論」は、いわば平安期の仏教が、鎌倉時代以降においても社会的影響を持っていた、という視点である。本書は、ある意味で逆に、鎌倉時代以降に盛んとなる禅宗が、平安以前の仏教とも大きな関連を持っている、という視点を提示しようとするものである。むろん、鎌倉期の禅宗が叡山《えいざん》の別所《べっしょ》聖《ひじり》などから派生したという見解は、すでに先学によっても示されているが、本書は、達磨《だるま》の日本渡来という興味深い伝説が展開伝播《でんぱ》する過程と、実際に伝来した禅宗が受容されていく背景とを重ねて、日本禅宗の特徴的な一面を見ることを意図している。同時にそれは、中国伝来の禅宗を日本仏教の流れの中に位置づけることになると思われる。

駒澤大学仏教学部の四年生になって、そろそろ卒論の題目を決めなければならなくなった時期、面倒見がいいらしいというだけで、指導教員にと目星をつけた納富常天先生（前鶴見大学副学長）に、恐る恐る「比叡山の天台宗と鎌倉時代の仏教を関連づけるようなテーマで書きたいのですが……」というと、言下に「それなら栄西《えいさい》《ようさい》をやりなさい」といわれたことが、結局は今日に至るまで私の研究の指標となった。さらに、結果としては本書の枠組みにつながっているともいえる。大学院で取り上げた宝地房証真《ほっちぼうしょうしん》は、栄西と同時期に叡山総学頭《そうがくとう》という地位にあったし、曹洞宗《そうとうしゅう》宗学研究所（現曹洞宗総合研究センター）時代には、栄西門流としての退耕行勇《たいこうぎょうゆう》や心地房無本覚心《しんちぼうむほんかくしん》、中納言法印隆禅《ちゅうなごんほういんりゅうぜん》を研究した。さらに、栄西のライバルと位置づけた大日房能忍《だいにちぼうのうにん》と達磨宗に関する研究は、私自身が所属する日本曹洞宗の開祖道元《どうげん》に、研究者としてアプローチする道を開いてくれた。

卒論を書いた当時、納富先生が神奈川県立金沢文庫の学芸課長であったことから、アルバイトとして史料全書の原稿起こしに取り組んだことは、原史料の扱いを学習する貴重な機会となり、その後の研究に随分と役立った。本書で紹介した、退耕行勇や達磨宗に関係する史料についても、右のような経緯を経なければ、あるいは出会えなかったかもしれない。証真を取り上げたのは、大学院での指導教授であった山内舜雄先生（駒澤大学名誉教授）に示唆されてであり、修士論文で『真禅融心義《しんぜんゆうしんぎ》』を分析したのも、先生の指導によるものである。宗学研究所の幹事を務めていた当時、所長は鏡島元隆先生（故人・元駒澤大学総長）であったが、先生の真摯な研究姿勢には、常に怠惰な自分が叱咤《しった》されているように感じた。また、達磨宗関係史料の発掘については、東京大学史料編纂所で開いていた禅宗研究会の主要なメンバーであった、菅原昭英（駒沢女子大学副学長）・高橋秀栄（金沢文庫長）・船岡誠（北海学園大学教授）・広瀬良弘（駒澤大学教授）ら諸先輩の教導に負うところが大きい。中でも石川力山氏（故人・元駒澤大学教授）からは、課外ゼミや調査旅行ばかりか、酒席などにおいても貴重な助言を頂戴した。今日私が、まがりなりにも研究を継続できているのは、こうした諸先生や諸先輩の存在があったればこそである。もちろんほかにも、いちいち名前は挙げられないが、多くの方々から学恩を蒙った。本書のあとがきを認める機会に、それらすべての方々に甚深の謝意を表する次第である。

最後になったが、文中に掲載した資料写真の使用を許可して戴いた所蔵者、および本書をまとめる機会を私に与えられた吉川弘文館に対しても、衷心より御礼申し上げたい。

二〇〇五年睦月

播磨國萬松山方丈において

哲　宗　良　信　誌す

著者紹介

一九五二年　兵庫県に生まれる
一九八〇年　駒澤大学大学院仏教学専攻博士後期課程満期退学
現在、花園大学教授　曹洞宗清久寺（兵庫県）住職

主要著書
孤高の禅師　道元〈編〉　日本の禅の特質（『日本仏教論　東アジアの仏教思想3』）　日本仏教における戒律への関心と中国の禅宗（『院政期の仏教』）　道元の戒律と〈没後作僧〉（『禅学研究』八〇）

歴史文化ライブラリー
189

日本禅宗の伝説と歴史

二〇〇五年（平成十七）五月一日　第一刷発行

著　者　中《なか》尾《お》良《りょう》信《しん》
発行者　林　英男
発行所　株式会社 吉川弘文館
東京都文京区本郷七丁目二番八号
郵便番号一一三—〇〇三三
電話〇三—三八一三—九一五一〈代表〉
振替口座〇〇一〇〇—五—二四四
http://www.yoshikawa-k.co.jp/

印刷＝株式会社 平文社
製本＝ナショナル製本協同組合
装幀＝山崎　登

歴史文化ライブラリー

1996.10

刊行のことば

現今の日本および国際社会は、さまざまな面で大変動の時代を迎えておりますが、近づきつつある二十一世紀は人類史の到達点として、物質的な繁栄のみならず文化や自然・社会環境を謳歌できる平和な社会でなければなりません。しかしながら高度成長・技術革新にともなう急激な変貌は「自己本位な刹那主義」の風潮を生みだし、先人が築いてきた歴史や文化に学ぶ余裕もなく、いまだ明るい人類の将来が展望できていないようにも見えます。このような状況を踏まえ、よりよい二十一世紀社会を築くために、人類誕生から現在に至る「人類の遺産・教訓」としてのあらゆる分野の歴史と文化を「歴史文化ライブラリー」として刊行することといたしました。

小社は、安政四年（一八五七）の創業以来、一貫して歴史学を中心とした専門出版社として書籍を刊行しつづけてまいりました。その経験を生かし、学問成果にもとづいた本叢書を刊行し社会的要請に応えて行きたいと考えております。

現代は、マスメディアが発達した高度情報化社会といわれますが、私どもはあくまでも活字を主体とした出版こそ、ものの本質を考える基礎と信じ、本叢書をとおして社会に訴えてまいりたいと思います。これから生まれでる一冊一冊が、それぞれの読者を知的冒険の旅へと誘い、希望に満ちた人類の未来を構築する糧となれば幸いです。

吉川弘文館

〈オンデマンド版〉
日本禅宗の伝説と歴史

歴史文化ライブラリー
189

2021年（令和3）10月1日　発行

著　者　中《なか》尾《お》良《りょう》信《しん》
発行者　吉川道郎
発行所　株式会社　吉川弘文館
〒113-0033　東京都文京区本郷7丁目2番8号
TEL　03-3813-9151〈代表〉
URL　http://www.yoshikawa-k.co.jp/

印刷・製本　大日本印刷株式会社
装　幀　清水良洋・宮崎萌美

中尾良信（1952～）

ISBN978-4-642-75589-4